药品监管创新法律政策研究丛书

药品上市许可持有人制度导读

杨　悦◎著

中国健康传媒集团

中国医药科技出版社

内 容 提 要

上市许可持有人制度是国际社会药品领域普遍采用的制度，是药品管理的基本制度，是我国《药品管理法》修订的一条主线。作为药品监管制度改革的核心，上市许可持有人制度的建立将对我国药品产业和药品监管产生基础性、全局性和战略性的影响。

本书在药品上市许可持有人制度即将结束试点之际完成，对药品上市许可持有人制度中制度选择、试点探索、资质与条件、外包合作、义务、监管以及法律责任等制度要素进行系统研究和论述，紧密结合国际经验和国内试点经验，问题，挑战，绘制了上市许可持有人制度的未来蓝图。

本书可供广大药品研发、生产、监管工作者作为了解我国药品上市许可持有人制度试点工作的参考资料，亦可作为药事管理教学研究的参考用书。

图书在版编目（CIP）数据

药品上市许可持有人制度导读 / 杨悦著 . — 北京：中国医药科技出版社，2018.10

（药品监管创新法律政策研究丛书）

ISBN 978-7-5214-0514-9

Ⅰ . ①药… Ⅱ . ①杨… Ⅲ . ①药品管理法 – 研究—中国 Ⅳ . ① D922.164

中国版本图书馆 CIP 数据核字（2018）第 232479 号

美术编辑　陈君杞
版式设计　也　在

出版　**中国健康传媒集团** | 中国医药科技出版社
地址　北京市海淀区文慧园北路甲 22 号
邮编　100082
电话　发行：010-62227427　邮购：010-62236938
网址　www.cmstp.com
规格　710×1000mm $\frac{1}{16}$
印张　17 $\frac{1}{4}$
字数　162 千字
版次　2018 年 10 月第 1 版
印次　2020 年 6 月第 2 次印刷
印刷　三河市国英印务有限公司
经销　全国各地新华书店
书号　ISBN 978-7-5214-0514-9
定价　**48.00 元**

序

我国当代社会的发展已清晰地揭示出：改革是压倒一切的使命和任务。而改革最根本的目标则是制度改革，也就是说所有改革措施的最终目的都是要改革现有不符合社会发展需求的制度，创建符合并推动社会发展的制度。这一改革旧制和创建新制的使命在药品行业领域尤为突出。

此言并非言过其实。首先，药品行业的发展离不开科学的制度，尤其是药品监管制度的保障。药品不是一般生活消费品，而是关乎民众健康和生命的必需品，因此各国政府对于药品的研发、生产、流通和使用都施行严格监管的方针，建立严密的监管制度，以确保药品的安全、有效、质量可控、可及和可负担性。在这一意义上，药品不是普通的商品，而是具有一定公共产品性质的特殊商品。政府采取何种药品监管政策和制度，无疑会对药品行业发展具有决定性的作用。其次，我国药品行业现状亟需制度改革和创新。虽然我国药品行业的发展迅猛，但是难以跻身创新药国家行列；虽然我们可以在数量上是"仿制药大国"，但却仍然徘徊在"仿制药强国"梯队的入口。创新药缺乏，仿制药质量参差不齐，生产不规范，研发动力不足，仍然是困扰我国药品行业发展的现实问题。若要激浊扬清，造就良好的药品行业生态环境，推动我国药品行业大发展，唯有消除弊端，建章立制，才能通过制度创新，坚守药品行业悬壶济世的道德良心，打造风清气正、严格自律的行业风气，激发勇于开拓新药和不断提升药品质量的进取精神。其三，我国现有药品监管制度面临重大挑战，正处于改革路径抉择的重大关口。我国现有药品监管制度是随着改革开放的进程逐步建立和发展起来的，虽几经曲折反复，但成效斐然；尤其是 2015 年以来药品监管制度改革的力度之大，业内皆亲历亲受；成效之巨，均有目共睹。但是，由于历史、经验不足，以及国内和全球范围内药品行业的飞速发展等原因，我国监管制度不科学、不健全和不落实的问题也是不争的现实。如何适应我国药品行业的发展需求，满足民众对药品安全、有效、可用和可及的渴望，在药品监管科学的基础上改革现有制度，创建科学制度，是政府药品监管部门、药品行业和社会上所有利益相关方必须要共同承担的任务。

药品监管制度是国家重大制度的组成部分。当健康成为摆脱贫困和日益富裕的民众的首要追求时，药品监管制度的地位陡然提升。不断出现的假药和伪劣药品案件、引起社会高度关注的疫苗事件、市场难觅踪迹的"救命药"报道，无一不牵动全民和政府的心弦，拷问药品行业乃至全社会的良心。人民健康的分量高于天，没有健康就没有小康。难怪国家把健康作为优先发展的战略地位。作为保障健康的必需品，药品自然成为全民关注的焦点，药品监管制度也就当之无愧地成为健康中国战略中的关键制度之一。

药品监管制度涵盖药品研发、生产、流通和使用的整个生命周期，是由众多子制度构成的复杂体系。改革这一复杂体系必然是一项艰巨复杂的任务。如果不找出明确的突破口和抓手，这一复杂的制度改革就会像一团乱麻，了无头绪。哪些是推动药品监管制度全局改革的突破口和抓手呢？杨悦教授在其多年深入研究的基础上，抽丝剥茧、去伪存真，敏锐地看到药品上市许可持有人制度的玄机，呼吁以此为抓手，重点突破，以推动全局改革。抓住药品上市许可持有人制度改革这一抓手，是否就真的能够提纲挈领，起到牵一发而动全身的效果？杨悦教授开宗明义，把药品上市申请人制度和药品上市许可持有人制度的重大区别清晰地展现出来，即前者是申请上市程序中具体的程序制度，后者则是涵盖上市前和上市后管理全过程并对新型的上市主体及其全方位权利义务等实体问题进行规制的"基本制度"；点明了药品上市许可持有人制度在整个药品监管制度中至关重要的地位和作用；指出了该制度对推动我国药品行业重组和药品监管制度改革的决定性作用。

杨悦教授的这一定位和评价有详实的理论和现实的科学根据。

1. 药品上市许可持有人制度不是药品监管过程中一个环节的具体制度，而是贯穿药品全生命周期监管的基本制度。药品上市许可持有人不仅要对药品上市许可承担责任，而且要对上市后的药品管理承担责任，打破了同一种药品不同生产厂家分别拥有批准文号，分头生产，各自把关的"山头并立"局面，打通了研发者、生产者、经营者和使用者如铁路警察"各管一段"的分割式管理模式。其全局性的特色显而易见。

2. 抓住关键、提纲挈领、以一驭万。该制度抓住了对药品行业发展和在药品监管过程中具有决定性的主体，即新型的药品上市许可持有人这一关键角色，通过法律规范从制度层面上明确其主体地位及其相应的法律权利和义务，不仅会催生和培育这一新型主体，而且会通过这一主体推动药品领域现有各类主体（如研发者、生产者、经营者和使用者）的分化和转型，推动我国药品行业主体小而散、多而乱现状的结构重组。

3. 科学分析、删繁就简、权责明晰。该制度以上市持有人为核心，使其不仅享有前所未有的权利，而且承担药品在其全生命周期内的责任；通过强化其主体责任，重构药品行业和市场中各种不同主体的权利义务关系。这种权利义务清晰的法律关系将有利于保障药品的安全性、有效性和质量可控性，有利于推动药品创新和质量提升。

4. 树立监管科学理念，健全科学监管体制。药品上市许可持有人制度建立在药品研发、生产、流通和使用的内在规律之上，以监管科学为指引，以强化持有人责任和建立健全其内部监管机制为牵引，改变单纯由政府主管部门单打独斗的传统理念，推动建立企业和行业内部自我监管的理念和机制，优化监管制度，改革监管模式。真正实现此书中所提倡的"在没有监督的情况下依然做正确的事"的理想状态。

5. 大胆改革、小步快跑、"双轨并行"、循序渐进。推行药品上市许可持有人制度是一项大胆借鉴国外经验，推进制度创新的举措。在深刻认识到现有药品批准文号泛滥和上市许可与生产企业捆绑在一起的混乱和僵化现实的基础上，通过药品上市许可持有人制度，形成上市许可的双轨制，并逐步过渡到单一的上市持有人制度。在药品上市许可持有人制度下，药品上市许可与生产企业是分离的，药品研发机构和科研人员可以申请成为药品上市许可持有人，自行设立企业生产药品，或者委托其他企业生产。这就将把过去产品和生产企业捆绑在一起、以生产企业为核心的管理理念，转变为以上市许可持有人为核心的管理理念，建立产品为主线，围绕产品全生命周期进行监管的制度。通过全国人大常委会的授权，出现了新制度和旧制度同时并存的双轨制；而一系列有关文件则对改革的进程制定了切实可行的规划。这种做法有助于减少改革阵痛，同时又有助于坚定地推进制度改革。

这一制度改革的设计与推进也是我国体制改革中的新亮点。通过提请全国人大常委会做出《关于授权国务院在部分地方开展药品上市许可持有人制度试点和有关问题的决定》，做到了改革于法有据；同时又通过空间和时间的规划，实现了大胆推进与审慎设计和逐步推进的完美结合。此书通过对相关地区具体事例的实证研究，令人信服地证明了这一制度和相应改革的初步成效，也为通过修订《药品管理法》在全国范围内推动这一改革提供了理论和实践根据。

既然是改革，就一定会有风险和阵痛。正如人们常说的那样，改革已进入深水区，好吃的肉都吃掉了，剩下的都是难啃的骨头。改革不会一帆风顺，挑战和机遇共存。杨悦教授在此书中并不回避困难，而是直面药品上市许可持有人制度实施所面临的难题，并提出了具有针对性和操作性的对策。在此略举二三。例如，她在书中指出我国药品行业在总体上"仍然存在着'多、小、散、低'的现象，产能过剩严重，产品同质化，市场竞争激烈，资源浪费巨大"的问题，改变现状必然带来产业结构的重组，引起众多市场参与者的抵制；对此，只能通过委托生产、优化资源配置、促进产业集中的路径来实现改革。虽然产业集中、行业重组必然带来众多企业的转型，但这是改革必须承受的阵痛，是推动产业向创新药大国和仿制药强国转型的必经之路。再如，此书指出上市许可持有人不再是单一的"研制或者生产者"，而是要具备"对药品全生命周期管理能力"的责任者，"其管理能力和责任风险性也相应增大"，因此持有人是否具有这种能力和相应的内部质量监控机制就成为此项改革能否成功的关键环节之一。对此，作者一方面要求持有人要建立健全相应的内部质量监控机制，落实其应当具备的"质量管理、风险防控、持续研究和责任赔偿能力"，另一方面提出通过委托第三方专业机构监督或引导不具备上述能力的企业和个人在成为上市许可持有人之前就"顺利实现技术转让或者被收购、兼并、重组"，从而避免能力不足的被动局面；此外还对上市许可持有人和相关主体之间的权利义务分配、各种外包服务的权责分担模式、持有人与监管部门之间的关系进行了深入探讨。再如，药品上市许可持有人制度改革不仅是对药品行业主体结构的改革，而且是对药品监管理念和模式的改革。作者明确指出："传统药品监管以行政强制力为后盾，多采用单项式、惩戒式的行政手段来达到管理目标，监管者与被监管者更像是'猫'与'老鼠'，'警察'与'小偷'的关系"，甚至出现"越加强监管，越容易出现药品违法违规的情况"。面对这一困境，作者提出"许可简化、强化动态检查、信息监管、供应链监管等创新监管方式"，同时"加强上市许可持有人以及其合作各方的全链条、全过程追溯和合规监督"，"引入不同利益相关方参与"的"社会共治"，"加强行业自律引导，加大处罚力度"，"实现不需要过多监管就能自律的制药行业监管目标"。这实际上提出了指引这一改革的宏观监管理念和模式的根本改变，即从单向度的外在行政监管模式转变到以监管部门为主导、以强化上市许可持有人责任为牵引、以行业自律和社会共治为基础的新型监管模式，从而实现药品监管制度创新。

此书除了具有上述坚实的理论基础和登高望远的前瞻性外，还具有及时性、实用性和指导性的特点，具有放眼域外的国际视野。它不仅对当前各试点地区的经验进行了充分发掘，对现有的问题进行了深入分析，同时也广泛借鉴域外经验，比较探讨，在此基础上对现有问题进行了梳理和类型化研究，提出了应对各种问题的具体路径和措施。它对推动我国药品监管制度的科学化和现代化的全面改革将发挥独特的作用。

不仅如此，该书字里行间还体现出一个有胸怀、有眼光、有责任的学者的担当。从与杨悦教授的过往的交往中，我曾受益良多；此番翻卷阅读，再受启发和教益。承蒙其诚挚邀请，特以上述感悟，聊以为序，与作者和众多读者共勉。

王晨光

2018 年 10 月 3 日于清华园

前　言

　　上市许可持有人制度是国际社会药品领域普遍采用的制度,是药品管理的基本制度,是我国《药品管理法》修订的一条主线。作为药品管理制度改革的核心,上市许可持有人制度的建立将对我国药品管理产生基础性、全局性和战略性的影响。

　　作为参与药品上市许可持有人试点方案和相关政策起草和评估的政策研究者,我在长期、系统和深入地研究基础上,完成上市许可持有人制度书稿,同时提出了一些新的观点、建议和设想。

　　写作的过程是令人振奋的,因为这是一场具有挑战性的思维训练,我的思维在不停地切换,贯穿于国内与国外、历史与现代、法律与国情、制度与理念、逻辑与路径,写作的过程使我的视野不断拓展,思维路径逐渐清晰,一幅未来上市许可持有人制度蓝图逐渐显现,我力图用笔去描绘它,尽管有时力不从心,但我不断追根与探索,当著作完成时,我初步可以断定,尽管未来还有改进余地,但这就是我所设想的上市许可持有人制度蓝图。

　　如果说我以往在学术报告和演讲中所讲述的有关药品上市许可持有人制度的观点是提纲挈领的、片段性的、聚焦某个方面的,那么这本书则是我对上市许可持有人制度的要义、体系、重点和难点的完整研究,理论与实际问题相结合,国际视野与中国国情相结合，从制度选择到试点探索；从申请人与上市许可持有人资质与条件设定，到研发与生产模式；从申请人和上市许可持有人义务，到如何创新监管模式，最后是相关法律责任。虽然，未来的上市许可持有人制度尚未确定，但是书中的逻辑是严谨的，是基于深入研究和思考的结果，所以书名定为"导读"。

　　作为一名具有 20 多年药品法律政策研究经验的学者，我理解大家对这个政策的关注点以及疑问，因此我相信这本书会给读者以您所期待的内容。也许书中还有一些问题没有解决，或者您在读这本书的过程中有不同的观点和认知，也欢迎您提出来，我愿与您共同探讨和交流，书中不当之处也敬请领导、专家、同仁们和朋友们批评指正。

杨悦

2018 年 9 月

目 录

第一章

制度选择

法律和制度必须跟上人类思想进步！

——（美）托马斯·杰斐逊

制度如何选择、制度如何设计与制度如何安排，是由国家的性质、基本国情与历史文化传统决定的。在中国全面深化改革、全面依法治国的关键时期，在药品监管改革创新进入攻坚克难的重要时刻，在药品领域，有哪一项制度能让制药产业具有活力迸发的魅力呢？答案一定是药品上市许可持有人制度。

一、制度定位

2015 年 11 月，第十二届全国人大常委会第十七次会议通过《全国人民代表大会常务委员会关于授权国务院在部分地方开展药品上市许可持有人制度试点和有关问题的决定》，标志着我国药品上市许可持有人制度（以下简称"上市许可持有人制度"）开始建立。上市许可持有人制度是国际社会药品领域普遍采用的制度，是药品管理的基本制度，是我国《药品管理法》修订的一条主线。作为药品管理制度改革的核心，上市许可持有人制度的建立将对我国药品管理产生基础性、全局性和战略性的影响。

在研究上市许可持有人制度时，人们往往将上市许可持有人制度理解为药品上市许可制度，因而主要关注药品上市许可（Marketing Authorization）部分。其实，这种认识是不全面、不深刻的。上市许可持有人制度涵盖了药品上市前与上市后管理的全过程，在药品管理制度中具有"基本制度"的重要法律地位。研究上市许可持有人制度，只有把握这一制度的基本定位，才能把握这一制度的核心要义，即是上市许可，还是上市许可持有人？

一般说来，上市许可制度作为环节管理制度，属于"程序法"

的范畴，它涉及申请主体、申请条件、申请程序、申请文书，审评机构、审评标准、审评程序、审评时限、审评结论，许可机关、许可程序、许可期限、许可文件、许可效力等，其主要是围绕着申请、审评、审批的基本程序来展开。而上市许可持有人制度作为要素管理制度，则属于"主体法"的范畴，涉及地位、资格、条件、关系、权利、义务、责任等内容。上市许可持有人制度的核心与关键是"上市许可持有人"，上市许可持有人制度涵盖了药品的全生命周期。

上市许可持有人制度是药品管理的基本制度。药品管理是由许多制度构成的制度群。这一制度群可以分为两大类：一类是基本制度，即贯穿于药品全生命周期、产业全链条的制度，上市许可持有人制度就是一项贯穿于药品研制、生产、流通和使用的全过程管理制度；另一类是具体制度，即仅针对某个特定领域和方面的制度，如临床试验管理制度、特殊药品管理制度等。

上市许可持有人制度是《药品管理法》修订的一条主线，是实现鼓励创新，引导中国制药产业从仿制向创新转型的核心制度，是完善市场机制，实现申请放开、转让放开、委托放开，充分释放改革红利的核心制度，也是保证上市许可持有人作为责任主体承担药品全生命周期责任的核心制度。

如果说农业时代奉行的是"所有观"，工业时代奉行的是"利用观"，那么，信息时代则奉行的是"共享观"，在新时代，盘活药品市场资源，激发市场主体创新活力，激活行业发展动力，实行上市许可持有人制度是历史的必然选择。

二、制度涵义

上市许可持有人（Marketing Authorization Holder，MAH），是药品上市许可批准证明文件的实际持有者，而在提交临床研究申请或者上市申请阶段的申请人（Sponsor，Applicant）或者称为上市许可申请人（Marketing Authorization Applicant，MAA），不一定就是MAH，因为申报上市许可之前，有可能发生技术转让、收购、兼并、重组和继承等各种情况，从而导致MAA的变化，最终获得上市许可批准证明文件的申请人才能称为上市许可持有人。

为何称为"上市许可持有人"，而非"上市许可所有人"呢？在上市许可持有人制度下，上市许可持有人持有的是一种由行政机关赋予的"权利"或者"资格"，这种"权利"或者"资格"具有财产权和人身权的双重属性，但其与纯粹的财产权或者人身权不同。"所有"的概念一般为有形财产权制度即物权制度使用的概念，其权能包括占有、使用、收益和处分。无形财产权如知识产权领域一般不使用"所有"的概念。无形财产权的权能，目前还没有统一、规范、权威的表述，一般认为包括持有、使用、收益和处分，其中处分的形态更为多样，如转让、转移等。事实上，"持有"一词，更能准确地反映出上市许可批准证明文件可以转让的财产属性。

放眼世界，从上市许可与生产企业的关系看，药品注册管理模式主要有两种：一种是上市许可与生产企业"捆绑"模式。过去我国采用"捆绑"模式，即获得药品上市许可批准证明文件（批准文号）的只能是药品生产企业。如果申请人为研发单位，其必须与生产企

业一起作为共同申请人联合申报，或者由生产企业单独申报，研发
单位成为该药品上市许可的"隐名"持有者。另一种是上市许可与
生产企业"分离"模式，美国和欧盟等发达国家均采用"分离"模式，
日本在 2005 年 4 月 1 日前采用与我国相同的"捆绑"模式，在《药
事法》修订实施后采用"分离"模式。在"分离"模式下，除特殊
管理药品和高风险药品外，对于谁能成为上市许可的持有者并没有
特殊限制，法律意义上的任何人（Any Person）均可以申请药品上
市许可，包括个人、生产企业、批发企业、研发单位，甚至行业组
织，均可以成为上市许可持有人，而对血液制品等高风险药品则有
特殊限制性要求。

从药品上市许可涉及的各环节主体关系看，国际社会也分为
两种制度：一是统一制，即由一个责任主体对药品全生命周期进行
统一的闭环管理，这种制度也就是上市许可持有人制度。二是分散
制，即由多个主体对药品的研制、生产、销售等活动进行分段式管
理，每个主体对相关环节的风险防控承担责任。我国现行《药品管
理法》确定的基本制度就属于分散制形式。

在药品领域，上市许可持有人制度一般采用单一主体模式，即
一个药品只有一个上市许可持有人，不存在多个上市许可持有人共
同持有一个药品上市许可的情况。这种制度设计多是为了避免多个
上市许可持有人造成产权不清晰。多个上市许可持有人对药品全生
命周期的责任承担通常是不确定的、非高度对应的关系，容易造成
责任推诿，直接影响管理效率。通常的情形是，涉及的主体数量越
多，产权的清晰度越低；产权界定与归属越粗略，产权的清晰度越
低。因此，各国对 MAA 和 MAH 的规定都是单一主体，即无论是独

立研发、共同研发、转让或者收购，都要明确一个责任主体，由其承担法律规定的义务和责任。而 MAA 或者 MAH 与合作方的利益分配则属于内部合同关系，不属于上市许可行政法律关系调整范围。

三、制度变迁

（一）我国药品注册制度变迁

我国药品注册制度可以概括为"批生产、批进口"，是以药品批准文号、进口药品注册证或医药产品注册证作为批准证明文件的管理制度。仅生产企业（含境外合法制药厂商）可以获得批准文号或注册证，药品技术转让的受让方只能是生产企业，这就是所谓的"捆绑"模式，即与国际通行的上市许可持有人制度不一致的主要特征所在。

任何法律制度的设计都有其深厚的社会文化背景，上市许可持有人制度源于市场经济体制。在市场经济体制下，任何民事主体都可以平等地从事药品研制活动，而每个民事主体能否成为上市许可持有人，并不取决于其身份、地位，而是取决于其是否具有相应的能力。随着科学技术的进步，在生产力的诸要素中，科学技术的价值不断提升，上市许可持有人制度的设计进一步彰显了科学技术的价值。同时，实施上市许可持有人制度，意味着药品质量管理的制高点从生产环节向研制环节转移，产品质量源于设计的理念进一步彰显，药品质量管理进入了一个新阶段。

我国《药品管理法》确立的药品上市许可由生产企业持有的制度，发端于计划经济时代。当时，由于生产力水平的限制，药品研发创新能力不足，企业生产的药品主要是仿制药，药品管理的重点在生产环节。在这一特殊历史时期，药品研制的主体基本是国有企业，药品研制主体与生产主体的这种合一，是与当时的经济社会条件相适应的。在市场经济条件下的今天，这一制度已严重限制了药品产业的分工与协作，浪费了大量的社会资源，阻碍了企业的成长与进步。此外，药品上市许可与生产企业的捆绑模式，在一定程度上也是自然经济观念和传统管理思维的产物。

下面让我们回顾一下我国药品注册制度的历史变迁。

1985 年 7 月 1 日开始实施的我国第一部《药品管理法》中规定，研制新药，必须按照规定向国务院卫生行政部门或者省、自治区、直辖市卫生行政部门报送研制方法、质量指标、药理及毒理试验结果等有关资料和样品，经批准后，方可进行临床试验或者临床验证。完成临床试验或者临床验证并通过鉴定的新药，由国务院卫生行政部门批准，发给证书。生产新药，必须经国务院卫生行政部门批准，并发给批准文号。但是，生产中药饮片除外。1985 年 7 月 1 日开始实施的《新药审批办法》规定，研制单位在新药临床研究结束后，如需生产，必须向所在省、自治区、直辖市卫生厅（局）提出申请，……由卫生部审核批准，发给"新药证书"及批准文号。未取得批准文号的新药一律不得生产。凡不具备生产条件的研究单位，在新药临床研究结束后可按规定申请"新药证书"，并可凭此证书转让技术。这种模式完全是基于当时我国以仿制药研发为主的现实情况，研制单位负责研发，生产企业负责生产。

1999 年 5 月 1 日开始实施的《新药审批办法》规定，"研究单位与生产单位联合研制的新药，应向生产单位所在地省级药品监督管理部门申报。两家以上的生产单位联合研制的新药，应向制剂生产单位所在地省级药品监督管理部门申报"。新药一般在完成Ⅲ期临床试验后经国家药品监督管理局批准，即发给新药证书。持有《药品生产企业许可证》并符合国家药品监督管理局《药品生产质量管理规范》（GMP）相关要求的企业或者车间可同时发给批准文号，取得批准文号的单位方可生产新药。

2001年12月1日开始正式实施的《药品管理法》明确规定，药品批准文号核发给药品生产企业，"生产新药或者已有国家标准的药品的，须经国务院药品监督管理部门批准，并发给药品批准文号；……药品生产企业在取得药品批准文号后，方可生产该药品"。2002年9月15日开始实施的《药品管理法实施条例》（国务院令第360号）规定，依据《药品管理法》第十三条规定，接受委托生产药品的，受托方必须是持有与其受托生产的药品相适应的《药品生产质量管理规范》认证证书的药品生产企业。疫苗、血液制品和国务院药品监督管理部门规定的其他药品，不得委托生产。

2009年8月19日开始实施的《药品技术转让注册管理规定》（国食药监注2009〔518〕号）规定，药品技术转让包括新药技术转让和生产技术转让，无论哪种技术转让，受让方只能是药品生产企业。新药技术转让，系指《新药证书》持有者，按照已经批准的生产工艺和质量标准，将生产技术转让给其他药品生产企业，由受让药品生产企业申请药品批准文号的注册过程。生产技术转让，系指一家持有药品批准文号的药品生产企业，在新药监测期（保护期、过渡期）期满后，按照使用的生产工艺和质量标准，将生产技术转让给另一家药品生产企业，由受让药品生产企业申请新药品批准文号，并注销原药品批准文号的注册过程。

（二）上市许可持有人制度试点

2015 年 8 月 18 日，国务院发布《关于改革药品医疗器械审评审批制度的意见》（国发〔2015〕44 号），这个吹响药品审评审批改革号角的国务院文件主要针对的问题是：药品医疗器械审评审批中存在的问题日益突出，注册申请资料质量不高，审评过程中需要多次补充完善，严重影响审评审批效率；仿制药重复建设、重复申请，市场恶性竞争，部分仿制药质量与国际先进水平存在较大差距；临床急需新药的上市审批时间过长，药品研发机构和科研人员不能申请药品注册，影响药品创新的积极性。

该文件明确提出要实现鼓励研究和创制新药的目标，开展上市许可持有人制度试点。

开展上市许可持有人制度试点，突破了《药品管理法》有关药品注册管理和生产管理的规定，必须经过全国人大常委会依法授权后方可开展。2015 年 11 月 4 日，第十二届全国人民代表大会常务委员会第十七次会议审议通过《关于授权国务院在部分地方开展上市许可持有人制度试点和有关问题的决定》，授权国务院在北京、天津、河北、上海、江苏、浙江、福建、广东、四川、山东十个省、直辖市开展药品上市许可持有人制度试点，允许药品研发机构和科研人员取得药品批准文号，对药品质量承担相应责任。

2016 年 5 月 26 日《国务院办公厅关于印发药品上市许可持有人制度试点方案的通知》（国办发〔2016〕41 号）（以下简称"试点方案"）规定，试点期限至 2018 年 11 月 4 日。这是上市许可持有人制度试点真正落地的标志性文件。试点方案主要内容是围绕允许试点行政区域内的药品研发机构或者科研人员作为药品注册申请人（以下简称"申请人"），提交药物临床试验申请、药品上市申请，申请人取得药品上市许可及药品批准文号的，可以成为药品上市许可持有人。上市许可持有人不具备相应生产资质的，须委托试点行政区域内具备资质的药品生产企业（以下简称"受托生产企业"）生产批准上市的药品。上市许可持有人具备相应生产资质的，可以自行生产，也可以委托受托生产企业生产。试点行政区域内的药品生产企业参照本方案中上市许可持有人的有关规定执行。试点方案对试点区域的政策利好可以概括为"注册申请放开、委托生产放开、技术转让放开"。

2017 年 8 月 21 日，《国家食品药品监管总局关于推进药品上市许可持有人制度试点工作有关事项的通知》（食药监药化管〔2017〕68 号），对试点方案国办发〔2016〕41 号文的前期试点过程中发现的问题和障碍予以排除，在鼓励创新、优化资源配置方面释放重要利好，主要集中在三个方面：批准文号允许转移；委托生产进一步放开；有条件允许上市许可持有人销售药品。

试点方案借鉴和吸纳了国际先进经验，强化申请人与上市许可持有人责任主体地位，体现质量源于设计的药品质量全生命周期管理理念，必将激发药物创新积极性，优化资源配置，重塑并促进我国药品产业发展。

（三）上市许可持有人制度域外发展

上市许可持有人制度是国际上普遍采用的制度，其制度的基本特征是由药品批准证明文件的持有者承担全生命周期管理的法律责任，药品上市许可持有人是责任主体，而对于上市许可持有人是否必须是生产企业则一般不做限制，特殊管理药品和高风险药品除外。药品上市许可申请人（MAA）和上市许可持有人（MAH）一词最早见于 1965 年欧盟 65/65/EEC 指令，MAA 是提交药品上市申请的人，在药品上市许可被批准后，MAA 即成为 MAH。2004 年，欧盟药品注册法规（EC）No 726/2004 和指令 2004/27/EC 针对指令 2001/83/EC 中有关人用药品上市以及监管的部分进行了全面的修订。经过多年的发展与完善，欧盟的 MAH 制度已经相对成熟。

美国的《联邦食品药品化妆品法》等法律法规中并未出现 MAH 一词，而是使用申请人（Applicant）和申请持有人（Applicant Holder），申请人和申请持有人均是药品申请或者上市的责任主体，承担相应的法律责任。

相比于美国与欧盟，日本上市许可持有人制度的建立较晚。2005 年，日本《药事法》进行重大修订，于 2005 年 4 月 1 日起开始生效。《药事法》改变先前生产许可与上市许可的捆绑模式，首次引入上市许可持有人制度，实现了从"生产许可（或者进口许可）"到"上市许可"的转变，规定了上市许可持有人对药品安全性、有效性和质量的管理控制职责。

美欧日制度共同点是申请人或者上市许可持有人只能是一个独立个体，不可以共同申报共同持有行政许可，这意味着药品上市的责任主体仅有一个，这种责任背后的利益分配可以通过协议方式约定。

从美国、欧盟的药品上市许可批准情况看，95% 左右的申请人或者上市许可持有人为制药企业。由于法律规定了严格的上市许可持有人法律义务和责任，个人不具备承担这些法律义务和责任的能力，因此个人成为申请人或者上市许可持有人极少可能出现。这样从法律义务责任上限定申请人或者上市许可持有人的条件，并不直接对申请人或者上市许可持有人的条件进行限制的做法，可以使不具备能力的申请人被排除在上市许可持有人范围之外，而对特殊管理药品和高风险药品给予特殊考量。从批准上市许可产品的生产模式分析，多数新药（创新药）的申请人或者上市许可持有人为大型跨国制药公司，出于保护药品研发技术秘密的考虑，自行生产或者收购兼并药品生产企业进行生产的情况比较多，而仿制药委托生产的情况较多，例如授权仿制药企业生产品牌仿制药。

📎 延伸阅读

印度研发人员的选择

印度人 Hari Kumar 原是罗氏公司研发人员，20 世纪 90 年代后期，他在派拉蒙资本工作期间，曾经历和实践过三人虚拟公司，研发砒霜注射液（三氧化二砷），快速完成在美国的原料和制剂开发，再进入临床，在短短三年左右的时间，完成主要的临床试验，最终获得 FDA 的批准，其在申报中期选择获得孤儿药资格及关键临床数据的时间节点，将该药品转让给美国的一家上市公司。15 年后，他创办的公司 Adheron Therapeutics Inc.（一家虚拟公司）开发出一系列治疗风湿性关节炎、纤维化疾病，以及治疗克罗恩病和囊性纤维化的潜在新药，以价值5亿美元与罗氏成交，首付1.05亿美元，后续里程碑支付高达4.75亿美元。Hari Kumar 具有研发实力，但不具备药品全生命周期中安全性、有效性保证能力，他以虚拟公司的名义可以作为申请人，但他从不选择作为上市许可持有人。

四、时代背景

（一）医药经济发展的必然产物

上市许可与生产企业的捆绑，对医药经济发展的制约作用越来越明显，这种以自身具备生产条件作为上市许可前提条件的规定，已经严重不适应当前医药经济发展需要。上市许可持有人制度是我国医药产业由仿制向创新转变的必由路径，是医药经济发展的必然产物。

我国现行药品注册制度带有显著的时代特征，是符合当时医药经济发展水平的选择。药品注册"捆绑"制，是从封闭的计划经济向市场经济转变的起步时代，也是药品稀缺、供不应求的时代的选择。那时我国的药品研发以仿制为主流，批准上市的药品以仿制为主，十年、二十年鲜有创新，企业独立发展，成长缓慢，没有资本市场，更没有参与国际竞争，药品生产企业的产品主要供应国内市场。通常情况下，研发是由科研单位、大专院校、科研院所来做的，企业的主要任务是生产药品，药品在企业间的流动性差，多是"自己的孩子自己养"，企业是药品生产的核心，也是医药经济的核心。

随着医药经济发展突飞猛进，资本市场对药品行业异常青睐，国家鼓励企业组建以产品为龙头，以经营为纽带的大公司、大企业集团，推进企业间的联合与重组。药品技术转让不仅发生在省内、国内企业间，跨省、跨国的区域产品授权和交易频繁发生。1996年上海医药（集团）有限公司成立，1998年中国医药集团总公司成立，2009年9月，中国医药集团总公司与中国生物技术集团公司实行联合重组，类似这样科工贸一体的大型企业集团纷纷组建。与此同时，跨国制药公司在中国的收购和合作也日益频繁，例如默沙东公司与中国先声药业集团在中国成立合资公司先声默沙东（上海）药业有限公司，浙江海正药业股份有限公司与辉瑞公司双方合资组建"海正辉瑞制药有限公司"。葛兰素史克、诺华、赛诺菲、奈科明等跨国制药巨头加大对中国企业并购，或者斥资建立合资公司，收购、合资项目初衷多是致力于向中国市场提供品牌仿制药，抢夺专利药到期的商机。

当前，注册"捆绑"制对医药经济发展的制约影响主要体现以下两方面。

一方面，上市许可与生产企业捆绑，束缚的是市场主体进行市场资源配置的主动性和灵活性。药品市场中主体众多，研发者的研发注册和委托生产行为受到限制，无法独立获得批准文号，不允许采用委托生产的方式生产药品。2014年10月1日起实施的《药品委托生产监督管理规定》（CFDA 2014年第36号公告）明确药品委托生产，是指药品生产企业（以下简称"委托方"）在因技术改造暂不具备生产条件和能力，或者产能不足暂不能保障市场供应的情况下，将其持有药品批准文号的药品委托其他药品生产企业（以下简称"受托方")全部生产的行为，不包括部分工序的委托加工行为。在上市许可与生产企业捆绑制度下，药品生产企业可以采用以下三种方式：第一，自己研发申报药品注册，获得批准文号，这往往造成仿制药重复研发、重复申报注册；第二，与研发者共同研发申报药品注册，获得批准文号，研发者隐性持有批准文号，上市后药品安全有效保证责任界定模糊；第三，接受其他药品生产企业的委托生产。

另一方面，研发者单独申报新药注册时仅获得"新药证书"，不能委托生产，如想生产必须把技术转让给药品生产企业。《药品技术转让注册管理规定》(国食药监注〔2009〕518号)明确，"药品技术转让，是指药品技术的所有者按照本规定的要求，将药品生产技术转让给受让方药品生产企业，由受让方药品生产企业申请药品注册的过程"。由于受到上市许可和生产企业的捆绑限制，为把研发成果转化为产品上市，研发者只有两条路径：第一，与已有生产企业合作或者需要投资建厂；第二，追求短期效益进行技术转让。

药物研发创新需要高额投入，需要灵活的生产资源配置，需要全生命周期的风险控制，这些是"捆绑"模式所不具备的。

药品行业具有较高的行业准入壁垒，属特许经营行业，医药行业的各环节均受到药品监管部门的严格监管，药品生产企业必须依法取得《药品生产许可证》及药品注册批件，并通过GMP认证。医药产业是公认的高技术、高风险、高投入的产业。一般情况下，药品从研发、临床试验、试生产到最终产品的上市，需要投入大量软硬件资源，人员素质高，厂房设施、设备昂贵，产业新进入者通常需要很长的启动时间，所需资金数额巨大。有国外研究显示，每个上市新药的平均研发投入为 13.95 亿美元，而每条药品生产线的建造成本则几千万至上亿元不等。2016 年《欧盟产业研发投入报告》对 2015~2016 财年全球 2500 强企业的研发投入分析显示，美国、瑞士制药企业的研发投入强度一直维持在 15% 以上领先，日本、英国等也维持在 12% 左右，中国企业的研发投入尚低于 3%。

变化才是经济发展的动力，而制度改变的方向是节约交易成本。

——华人经济学家　杨小凯

把生产许可作为上市许可前提条件，无形中增加了创新药和仿制药的研发成本，限制了非生产企业委托生产和合理利用现有生产资源的可能性，在一定程度上限制了市场对资源配置的决定性作用。这种捆绑并非一无是处，对于某些高风险产品，例如疫苗和血液制品等，这种捆绑是必要的，是基于药品安全有效质量保证的特殊考量。但对于一般药品来说，"捆绑"的制度设计限制了申请人主体责任的发挥，也造成资源的浪费。在市场经济体制模式下，市场机制是资源配置的决定性力量。资源配置合理，就能节约资源，带来巨大的社会经济效益；资源配置不合理，就会造成社会性资源浪费。

（二）药品全球化资源大整合的需要

当今社会，药品企业全球化、供应链全球化、研发全球化、生产全球化、市场全球化，资本流动全球化。

在全球化的大背景下，药品生产企业运作模式被彻底打破，以自行研发和购买产品为主的模式，转化为自行研发、合作研发、新产品的许可和购买、技术转让的多种模式并存，同时以提高生产效率为目的的资源整合和社会分工也发生变革，制药企业的生产活动由一个场地完成全部过程，逐步出现分化，生产过程以模块化被拆分，原料药、辅料、制剂加工、检验和包装场地被分散在不同场地区域，药品研发、生产、技术转让、商业模式发生根本性转变。

当药品法律法规对药品注册与生产的管理模式未有明显变革的形势下，其他行业已经为我们打开了想象空间。富士康公司自1974年在台湾肇基，1988年投资中国大陆以来，迅速发展壮大，集团的全球布局策略为"两地研发、三区设计制造、全球组装交货"。苹果公司的产品"全球研发、合作生产、全球运营"战略模式，2017年苹果公司宣布在中国上海和苏州建立研发中心，除了中国之外，苹果在英国、日本、以色列等国家和地区也都设置了不同职能和规模的研发中心。苹果公司的产品是200多家供应商产品组装而成的，其中包括很多中国的供应商，例如扬声器供应商、手机屏幕、电池及附件产品、充电器、精密组件供应商等。

跨国制药公司的全球布局和运营与其他行业并无太大差异，辉瑞制药有限公司总部位于纽约，其产品销往125个国家和地区，在全球范围内有158个生产场地（Site），180个合作研究机构。阿斯利康全球总部位于英国伦敦，业务遍布全球100多个国家，在17个国家设有生产基地。其他跨国制药公司也有类似的全球布局特点，全球研发、全球生产布局、供应全球市场，而且其原料药、辅料、包材供应商也遍布全球各地，在企业兼并、收购、重组、产品许可和购买过程中不断发展壮大。

从经济角度，全球化被视为经济活动在世界范围内的相互依赖，特别是形成世界性的市场，资本超越了民族国家的界限，在全球自由流动，资源在全球范围内配置。这种经济全球化是自由派经济学家心目中经济发展的最终和理想状态，也是众多跨国公司希望的结果[①]。

2016 年 3 月 4 日，国家食品药品监督管理总局发布化学药品注册分类改革工作方案，创新药的界定由境内未上市销售改为境内外均未上市的药品，可以理解为创新药是由"国内新"转化为"全球新"。2017 年 6 月，国家食品药品监督管理总局成为 ICH 正式成员。可以说在药品市场和企业全球化的同时，中国的药品监管开始步入全球化轨道。在全球化的大背景下，制药行业呼唤制度改变，以便于产品的许可和转让，利于生产资源在全球范围内的优化配置，利于资本的自由流动，以使企业在自由的市场环境中逐步成长壮大。

（三）深化"放管服"改革的必然要求

在药品审评审批改革的关键时期，我国引入上市许可持有人制度试点，是有其深刻的社会经济发展力量驱动的，需把上市许可持有人制度放在深化"放管服"和行政审批改革，创新监管方式的大改革背景下去理解、把握。上市许可持有人制度伴随着一系列配套制度的改革，也伴随着一系列行政许可事项的简化或者取消。

上市许可持有人制度的建立，将简化以往一个事项拆分审批、

---

① 杨雪冬. 西方全球化理论：概念、热点和使命 [J]. 国外社会科学，1999（03）：36-42.

多部门审批、下一个审批事项以上一个审批事项作为前提等突出问题，整合临床试验、生产审批、技术转让、委托生产、原辅料包材审评等多个许可事项为一个许可事项，是简政放权、深化审批改革的必然要求。

在上市许可持有人制度下，临床试验是上市许可的一个中间环节，新药临床试验审批不是决定新药能否上市的行政许可，而是允许新药申请人在保证患者安全和权益的条件下，尽快开展临床试验，对临床试验过程进行动态风险控制，因此，临床试验由审批制改为默示许可制。

对于原料药、辅料和包材管理，原来的管理模式是对原料药按药品管理发放药品批准文号，辅料和包材实行备案管理，均属于独立于药品制剂的管理模式，这与国际上通行的原辅料包材自愿前置DMF（Drug Master File，药品主文件）备案模式存在较大差异，在上市许可持有人制度下，上市许可持有人承担药品供应链的追溯义务，对药品原辅料包材供应商的选择负有主体责任，我国的原辅料包材管理也将全面逐渐转入类似DMF备案和与制剂共同审评的模式。

以往对技术转让和委托生产进行单独审批，在上市许可持有人制度下，技术转让实质是"上市许可持有人变更"，委托生产本质是"场地变更"，以往允许同一企业因新建扩建原因的"场地变更"，而禁止非生产企业"委托生产"，允许生物制品新建、扩建厂房，却不允许生物制品委托生产，从本质上看，以上禁止的活动与场地变更并无本质差异。因此，应以"场地变更"补充申请事项统一"同一企业"内场地变更与"不同企业间"场地变更的补充申请管理模式。

上市许可持有人制度是药品领域落实深化简政放权、放管结合、优化服务改革的重要举措，是推动医药经济和市场持续健康发展的战略选择。如果没有上市许可持有人制度，临床试验默示许可、原辅料关联审评等行政许可简化和整合就没有支撑点，会由于缺少明确的责任人，带来新的药品安全风险。

出于药品行业与生命健康相关的特殊性，监管机构对制药企业的监管十分严格，对市场准入设定了严格的门槛，对申请人资质、生产条件等进行严格的限制，如果说"捆绑"是政府对企业家长似的看护过度，那么上市许可持有人制度就是让"家长"似的看护转变为有底气的放手，让企业真正勇于承担责任并健康成长。

（四）激发药品创新活力的动力来源

我国医药经济的发展与全球药品市场同步，发展速度已经超过美欧等发达国家和地区，成为新兴医药市场的支撑力量。根据 IMS Health 的统计数据，2010~2015 年全球药品销售总额由 8894 亿美元增长至 11 100 亿美元，年均复合增长率约 6%[①]，高于同期全球经济增长速度。早在 2013 年中国就已经成为全球第二大医药消费市场[②]。我国医药工业总产值已从 2001 年的 0.21 万亿元增长至 2016 年的 3.24 万亿元。医药工业总产值占 GDP 的比重持续上升，已从

---

① 前瞻产业研究院 . 2016 年全球医药数据出炉：规模和研发稳步增长，并购遇冷 [EB/OL].[2017-06-25]. http://www.qianzhan.com/analyst/detail/220/170306-7f84abf3.html.

② 新华社 . 我国已成为全球第二大医药消费市场 [EB/OL].[2017-10-02]. http://www.gov.cn/xinwen/2017-07/12/content_5209966.htm.

2001 年的 1.93% 增长至 2016 年的 4.35%，医药行业在国民经济中的地位稳步提高。我国是第二大原料药生产国和第一大原料药出口国①，原料药的出口接近世界原料药市场份额的 20% 左右。而我国的制剂出口仍处在低位，主要以非洲和亚洲等发展中国家、不发达国家市场为主，对欧美等发达国家出口制剂占比较低。2012 年，非洲和亚洲是中国制剂出口的最大市场，共占出口份额 64.63%。2016 年，中国对非洲、亚洲市场的出口份额下降至 54.3%，对美国、欧盟市场的出口占比从 15.87% 上升至 28.9%②。

　　不可否认的是，目前我国是制药大国，但不是制药强国，更不是药品创新强国。随着人口老龄化、二孩政策放开，公众健康需求持续提升。全国肿瘤登记中心统计显示，2015 年中国癌症新增429.2 万例，死亡 281.4 万例。由于诊断不及时和缺乏个体化的治疗方案，癌症治疗的无效率高达 75%。在癌症的治愈率上，目前发达国家已达 65%，而我国仅有 25% 左右。我国儿童用药的供给与需求严重不匹配，儿童用药严重短缺。2016 年，我国大陆儿童 2.3 亿，每年患病儿童约占总患病人数 20%③，与巨大的儿童用药需求相比，临床可供儿童使用的药品品种、剂型及规格少，儿童用药无法满足临床用药需求。我国在罕见病用药领域完全依赖国外进口，属国内创新药研发的空白领域。

---

　　① 中国中央人民政府 . 我国成第一大原料药出口国 [EB/OL].[2017–07–13]. http://www.gov.cn/xinwen/2017–07/13/content_5210018.htm.

　　② 中国经济网 . 中国医药制剂出口逆势大增 [EB/OL].[2017–01–12]. http://www.ce.cn/xwzx/gnsz/gdxw/201701/12/t20170112_19574052.shtml.

　　③ 国家统计局 . 2010 年第六次全国人口普查主要数据公报（第 1 号）[EB/OL]. [2017–10–11]. http://www.stats.gov.cn/tjsj/tjgb/rkpcgb/qgrkpcgb/201104/t20110428_30327.html.

　　如何突破我国制药产业发展的创新瓶颈，上市许可持有人制度是转变创新机制，激发研发机构、研发人员和生产企业研发和创新活力的重要动力来源。以往的"捆绑"制度限制了暂时不具备生产条件，但希望成为上市许可持有人的单位或者个人获得批准文号的可能，不利于小型创新药研发企业的起步发展壮大。华领医药 CEO 陈力认为[①]，对于小型创新药研发企业来说，原来如果没有生产企业，在完成Ⅱ期临床试验前建设生产厂房是不现实的，因为在临床试验阶段还不能确定是否成功的情况下就盲目投入是不经济的，毕竟创新药临床试验失败率很高，如果Ⅱ期临床试验后开始建厂，建设周期至少 2~3 年，又可能因为厂房建设延误药品上市。小型创新型企业期待上市许可持有人制度最大释放制度红利，允许研发型企业通过委托生产的方式实现创新药的迅速产业化。对于资本市场青睐创新药研发的今天，也存在部分制药企业通过收购、兼并、重组、许可和购买方式获得创新药的情况，在这种情况下，制药企业不一定具备拟新上市药品的生产条件，也会遇到与小型创新型企业同样的障碍。

　　创新药研发风险高、投入高，小型研发公司和高等院校等也是创新药研发的重要潜在力量。在美国和欧盟，小型研发公司和科研机构主要从事生物创新药、罕见病用药和临床治疗优势的创新药开发，可能在最初申报临床试验（IND）阶段作为申请人，后转让给大公司由其上市，也可以与其他企业协议生产，从而获得上市许可，待资金实力允许的情况下，进行药品生产企业收购。上市许可

---

　　① 佚名.众说 MAH 制度.医药地理，2018（1-2）：15.

持有人制度使上市许可与生产企业不再捆绑，可以极大地激发暂时不具备生产条件的各类企业和研发机构的创新药研发积极性，降低研发投入附带的生产设施建设投入，激发制药企业、研发机构和高等院校的创新活力。

五、比较优势

与我国现行《药品管理法》所确定的药品注册管理制度相比较，上市许可持有人制度具有以下几个方面的优势[①]。

（一）鼓励药物创新，提升竞争能力

经过多年的积累，我国药品研发创新能力有了显著的进步，但与发达国家间还存在着一定的差距。据有关方面统计，2015 年全球创新药市场近 6000 亿美元，而我国市场创新药不足 100 亿美元。2016 年 10 月，中国医药企业管理协会等 4 大行业组织联合发布的《构建可持续发展的中国医药创新生态系统》报告指出："纵观全球，具有生命力和竞争力的医药创新产业一定是来自健康的、良性循环的创新生态系统"。制度是创新生态系统的核心要素。实行上市许可持有人制度，鼓励各类主体从事药物创新，不仅是药品生产企业，还包括研发机构和科研人员，允许其取得药品上市许可，将改变原有制度下研究机构和科研人员只能通过技术转让或者隐名持股获得短期利益或者隐名利益的尴尬局面，有效激发市场活力。同

---

① 徐景和 . MAH 制度全景解读 [N]. 医药经济报，2017，4（20）：A01.

时，实行上市许可持有人制度，暂时不具备生产条件的研发机构或者科研人员，以及药品生产企业可以通过委托生产将药品迅速产业化，形成稳定的投资关系和较好的投资回报预期，这将极大地调动研发机构和科研人员投身药物研发创新的积极性，加快提升我国药品产业的国际创新力和竞争力。

（二）优化资源配置，促进产业集中

2017 年，我国拥有药品原料药和制剂生产企业 4376 家[①]，其中生产规模 5000 万元以下的企业占 60% 以上。我国已批准的药品品种约为 1.5 万个，药品批准文号约为 16.8 万个。总体看，我国药品企业仍然存在着"多、小、散、低"的现象，产能过剩严重，产品同质化，市场竞争激烈，资源浪费巨大。这种现象与我国药品产业发展的阶段性特征有关，也与我国药品管理法律制度的价值导向相联。上市许可持有人制度施行后，上市许可持有人可以自建厂房生产药品，也可以委托其他企业生产药品，这样可以避免企业"大而全""小而全"的低水平重复建设现象。同时，对于暂时不具备生产企业或者生产条件的上市许可持有人也可以让药品快速产业化，迅速占领市场，有效提高现有资源的使用效能。可以预计，上市许可持有人制度全面实施后，我国药品产业将快速进入分化与重组的时期，药品产业集中、创新集聚的步伐将进一步加快，市场竞争、生态优化的活力将进一步迸发。

---

① 国家食品药品监督管理总局 .2017 年度食品药品监管统计年报 [EB/OL]. http://www.ylfda.gov.cn/index.php?a=show&c=index&catid=29&id=747&m=content

（三）落实企业责任，强化全程管理

风险是管理的核心，责任是管理的要义。药品管理法律制度就是药品利益相关者的权利、义务和责任的系统安排，核心内容可以概括为风险的全面防控和责任的全面落实。在不同的法律制度下，企业责任落实的广度、深度和力度有所不同。在上市许可持有人制度下，上市许可持有人对药品质量管理的全生命周期负责，这种明确而严格的责任制度将有效强化上市许可持有人"从实验室到医院"管理责任的全面落实。上市许可持有人关注的将不仅是药品的研发环节，还将关注药品生产、仓储、运输、销售、使用等诸多环节，甚至还要关注原辅料、包装材料供应商，以及供应商前端的粗品加工环节，因为药品质量是企业的利益所系、生命所托。

（四）推动管理创新，实现管理升级

从管理的角度看，农业时代、工业时代和信息时代，管理的理念、资源、要素、重点和方式并不完全相同。农业时代为自然经济社会，奉行的是静态的财产所有观；工业时代为市场经济社会，奉行的是动态的财产利用观；信息时代为共享经济社会，奉行的是开放的财富共享观。有专家学者认为，我国《药品管理法》脱胎于计划经济时代，或多或少、或明或暗地带有计划经济体制、自然经济社会和传统管理思维的某些痕迹。实行上市许可持有人制度，药品管理的直接对象将从多元主体转移到单一主体，管理的核心内容将从准入资格管理转移到体系能力管理，管理的基本方式将从传统管理转移到现代管理，药品管理将进入全新的智慧管理时代。

此外，上市许可持有人制度实施后，药品管理方式将发生一系列深刻的变化，如行政许可将进一步简化，监管效率将进一步提高，服务水平将进一步提升，这完全符合当前简政放权、放管结合、优化服务的基本要求。

六、制度风险

从历史发展的角度来看，任何制度设计都不是完美无缺的，每一制度都有其利与弊、得与失，法律制度设计的艺术就是要兴利除弊、彰得抑失。前面已简述了上市许可持有人制度的比较优势，那么，从制度设计的角度看，上市许可持有人制度是否存在一些内生不足呢？需要从哪些方面强化管理呢？

（一）管理能力风险

在上市持有人制度下，对上市许可持有人能力的要求不再是具备单一的研制或者生产能力，而是上市许可持有人对药品全生命周期的管理能力。这种管理能力包括研发管理能力、生产管理能力、上市后药物警戒和风险控制能力以及损害赔偿能力。药品从研发到上市，要经历实验室研究、临床研究、小试、中试、大生产的工艺流程摸索和最终确定的过程，以验证放大生产后原工艺的可行性，保证生产时与研发工艺的一致性。上市许可持有人应当对从药物研发到大生产的整个转化过程负责，也要对药品上市销售前的最终放行负责。即便是委托生产也并不等于放弃责任。药品上市后，随着使用人群的不断扩大，新的安全性问题不断出现，上市许可持有人应当积极履行药物警戒职责，监测评估风险，采取风险控制措施，维持药品全生命周期的风险获益平衡。如果因为药品不良反应或者缺陷药品造成患者伤害后果，还应当有能力依法承担补偿或赔偿责任。

从目前的研究看，在上市许可持有人制度下，上市许可持有人的管理能力和责任风险有可能增大，也就是上市许可持有人在委托其他企业生产时，涉及变更生产企业后的产品与原申请产品一致性的问题，涉及上市许可持有人对受托企业是否进行有效监督的问题，也涉及在合作模式下双方持续合规保证的问题。从国外的经验来看，上市许可持有人可以自己对受托方进行监督，也可以委托第三方专业机构对受托人进行监督。

目前，上市许可持有人制度试点还在进行中，药品生产企业的专业化分工分业还在探索中。可以说，所有对上市许可持有人制度风险的担心主要聚焦于上市许可持有人条件放开后，上市许可持有人是否真正具备保证药品全生命周期安全性、有效性的能力和承担责任的能力。这种担心在原来的"捆绑"模式下没有显露出来，源于以往对药品生产企业质量保证能力和责任承担能力的默认，对于非生产企业的新型上市许可持有人的出现，例如科研机构和个人能否具备能力则不能一概而论。以合伙企业为例，合伙企业具有设立简便，经营灵活等特点，法律并不要求其具有多少资本额，法律规定合伙人要对合伙企业的债务承担无限连带责任。假如发生药品损害事件，当企业的全部财产不足以清偿或者赔偿时，投资人应当以个人的全部财产用于清偿或者赔偿，企业的责任与投资人的责任连为一体。在合伙企业和投资人均不具备药品损害赔偿能力的时候，该如何处理？如何避免这类企业或者个人成为上市许可持有人？与其"禁止"，不如"疏导"，让这类具有研发创新实力的企业或者个人在还没有真正成为上市许可持有人之前就能够顺利实现技术转让或者被收购、兼并、重组等。

还有人担心，上市许可持有人能否及时报告药品不良事件，能否具备药物警戒能力？监测并报告药品不良事件、开展药物警戒是上市许可持有人的法定义务，是药品质量全生命周期风险管理的基本要求。根据国家食品药品监督管理总局发布的《国家药品不良反应监测年度报告》，按报告来源统计，2016 年药品生产企业报告数仅占总报告数的 1.4%，2017 年仅为 1.8%。目前，我国部分药品企业风险意识和责任意识淡薄，不能严格履行药品不良反应的监测报告义务的现象还比较普遍。应当承认，在上市许可持有人委托他人生产时，若责任约定不清晰，没有良好的利益约束机制，药品不良事件监测报告义务可能会面临更加困难的局面，为此应当建立故意隐瞒药品不良反应事件报告而导致损害的惩罚性赔偿机制。同时，开展针对上市许可持有人的药物警戒检查，进一步加大监管执法力度。但严格说来，这种困难并不是上市许可持有人制度本身所特有的，是药品管理制度整体设计和运行机制完善的问题。

（二）监管能力挑战

以往，药品监管对象主要面向生产经营企业，上市许可持有人制度下，监管对象发生一些新的变化，境内和境外的地域限制逐渐打破，以企业为主体的监管模式也将彻底改变，不同类型的研发和生产合作方参与进入药品研发、生产经营、供应链的不同阶段，这对监管机构的监管能力提出新的挑战。

以药品生产方式发生的变化为例，原来由一家企业独立完成整个生产过程的模式将被打破，一个上市许可持有人可能与多个生产企业合作，甚至把生产过程进行分段委托，委托的场地可能跨越省份、跨越国家，这无疑会给属地化监管提出挑战，如何进行跨区域监管，甚至是跨境监管？如何避免地方保护主义，如何处理复杂委托关系下药品不良事件，如何追究复杂合同关系下的多方主体的法律责任？这些问题不只是挑战我国药品监管能力的特有问题，实际上美欧等发达国家、地区也面临同样的问题，他们在处理类似问题时的很多成熟经验值得我国借鉴。

此外，机构改革带来的挑战也不容忽视。根据 2018 年国务院机构改革方案，国家药品监督管理局由国家市场监督管理总局管理。市场监管实行分级管理，药品监管机构只设到省一级，药品经营销售等行为的监管由市县市场监管部门统一承担。中共中央办公厅、国务院办公厅《关于深化审评审批制度改革鼓励药品医疗器械创新的意见》（厅字〔2017〕42 号）规定，药品医疗器械研发过程和 GLP、GCP 执行情况，由国家食品药品监管部门组织检查。药品医疗器械生产过程和生产质量管理规范执行情况，由省级以上食品药品监管部门负责检查。药品医疗器械经营过程和经营质量管理规范执行情况，由市县两级食品药品监管部门负责检查。2018 年，国务院 42 号文提出建立职业化的检查员队伍，强化药品全生命周期监管，各省在落实该项工作需要落实人员编制问题，使药品监管资源下沉到监管对象相对集中的区域，以提高监管反应能力。

在严格的上市许可持有人及受托方法律责任设定，清晰的合同责任约定前提下，上市许可持有人与受托方可以预见到违法后果，并因此能够更好地履行各自的义务和责任。监管机构通过审评、监测、检验、检查等手段监督上市许可持有人和生产企业的合规行为，可以采取发布警示、责任约谈等方式提示风险，持续监督上市许可持有人的义务和责任履行。

未来，通过严格、灵活、高效、依法的药品监管，要让"谁可以成为上市许可持有人"由申请人根据自身能力和预期承担的法律责任作出明智的判断。同时，建立上市许可持有人退出机制，让不符合条件的上市许可持有人退出市场。

❖ 要点回顾 ❖

制度如何选择、制度如何设计与制度如何安排，是由国家的性质、基本国情与历史文化传统决定的。

2015 年 11 月，全国人大常委会授权国务院在部分地方开展药品上市许可持有人制度试点，标志着我国药品上市许可持有人制度开始建立。上市许可持有人制度是国际社会药品领域普遍采用的制度，是药品管理的基本制度，是我国《药品管理法》修订的一条主线。

药品上市许可持有人制度的基本特征是由药品批准证明文件的持有者承担全生命周期管理的法律责任，药品上市许可持有人是责任主体，而对于上市许可持有人是否必须是生产企业则一般不做限制，特殊管理药品和高风险药品除外。

上市许可持有人制度具有比较优势，主要在于鼓励药物创新、优化资源配置、落实企业责任、推动管理创新。同时，由于该制度在中国尚处于试点阶段，制度实施后可能会遇到一些问题和挑战，主要来自于上市许可持有人的管理能力风险，以及监管机构境内境外监管地域限制打破后的监管能力挑战。这些问题可以通过制度设计的不断完善予以解决。

第二章

试点探索

人类不做超越能力的攀登，天空
的存在又有何意义？

——（英）罗伯特·勃朗宁

　　2015 年 8 月，国务院印发《关于改革药品医疗器械审评审批制度的意见》(国发〔2015〕44 号) 揭开药品审评审批制度改革的大幕。此后，第十二届全国人民代表大会常务委员会第十七次会议授权国务院在北京、天津、河北等十个省、直辖市开展药品上市许可持有人制度试点，允许药品研发机构和科研人员取得药品批准文号，对药品质量承担相应责任。

一、试点动因

　　在全面推进依法行政的今天，如何处理好法律的稳定性与改革的变动性之间的关系，是我国药品改革与创新的重要课题。改革是医药经济发展的动力，法律的特点是"稳"，改革的特点是"变"，"稳"与"变"是对立统一的。改革就要突破原有的规则，但改革决策必须做到与立法决策紧密结合、协调同步，在法治轨道上运行。

　　党的十八届四中全会决定对全面推进依法治国作出顶层设计和总体部署，着重明确处理改革与法治的关系，改革和法治如鸟之两翼、车之两轮，相辅相成，要在法治下推进改革、在改革中完善法治，使改革和法治相互促进、相得益彰。"实现立法和改革决策相衔接，做到重大改革于法有据、立法主动适应改革和经济社会发展需要。实践证明行之有效的，要及时上升为法律。实践条件还不成熟的，需要先行先试的，要按照法定程序作出授权。对不适应改革要求的法律法规，要及时修改和废止"。根据十八届四中全会的要求，2015 年《立法法》修改增加第十三条规定，"全国人民代表大会及其常务委员会可以根据改革发展的需要，决定就行政管理领域的特定事项授权在一定的期限内在部分地方暂时调整或者者暂时停止适用法律的部分规定。"

通常情况下，并不是所有的改革事项都需要采用试点的方式，只有实践条件还不成熟、需要先行先试的，才能采取暂时调整或者暂时停止适用法律部分规定的方式。由于上市许可持有人制度突破《药品管理法》关于药品生产企业生产药品必须获得批准文号等条款的规定，而法律修订应当严格按照《立法法》的规定进行，一般需要较长的时间。上市许可持有人制度是对药品注册、生产等管理制度的重大调整，全面推开的条件还不成熟。为了不影响药品审评审批改革的进行，全国人大常委会采用授权国务院试点的方式，让上市许可持有人制度在一定的期限内在部分地方先行先试。

《立法法》规定暂时调整或者暂时停止适用法律的部分规定，是根据改革发展的需要进行的先行先试，因此必须强调其暂时性，必须对授权期限作出规定，即所谓的"日落条款"。《关于授权国务院在部分地方开展药品上市许可持有人制度试点和有关问题的决定》明确，本决定授权的试点期限为三年，自本决定施行之日起算。《国务院办公厅关于印发药品上市许可持有人制度试点方案的通知》（国办发〔2016〕41号）明确规定，本方案自印发之日起，实施至2018年11月4日。三年试点期限的确定，主要是基于近年来全国人大常委会作出的五个授权决定没有超过三年试点的常规期限设定。

上市许可持有人制度试点的目的是为进一步全面推行上市许可持有人制度积累实践经验，为未来立法中"上市许可持有人制度如何定、模式如何设、责任如何摆"提供重要的实践经验。因此，在试点期限届满时，应当及时对试点工作进行总结评估，并进行相应处理。在全国人大常委会的授权决定中明确规定："国家食品药品监督管理总局制定具体试点方案，经国务院批准后报全国人民代表大会常务委员会备案。试点期间，国务院要加强对试点工作的组织指导和监督检查，保证药品质量和安全。试点期满后，对实践证明可行的，修改完善《药品管理法》；对实践证明不宜调整的，恢复实施《药品管理法》的规定。试点期间取得的药品批准文号，在试点期满后继续有效。试点期限届满前，国务院向全国人民代表大会常务委员会提出本决定实施情况的报告。"

二、试点关键点

《试点方案》发布是药品上市许可持有人制度真正落地的标志性文件，试点方案充分体现了药品注册管理制度向上市许可持有人制度转变的核心理念，即鼓励新药创制，促进产业升级，优化资源配置，落实主体责任。该方案关键点可以总结如下。

第一，改变药品批准文号与生产企业捆绑的模式。以前，我国实行药品批准文号与生产企业捆绑模式，药品研发机构无法获得药品批准文号，药品上市前、上市后全生命周期安全性有效性责任主体不明，试点明确上市许可持有人是药品全生命周期的责任主体。试点方案中，上市许可持有人范围包括药品研发机构和科研人员，药品研发机构或者科研人员没有药品生产资质的，也可以申报药物临床试验申请和药品上市申请，取得药品上市许可，即药品批准文号，但在提交药品上市申请时，应当提交受托生产企业信息及药品质量安全责任承诺书、担保协议或者保险合同等能够证明具备上市许可持有人能力的相关资料。

第二，上市许可持有人资质依申请获得。试点方案中明确了申请人和上市许可持有人的条件，对药品研发机构和科研人员提出了限制性条件，主要包括区域限制和责任承担能力限制。药品研发机构设立和科研人员工作地点均应当在10个试点省（市）行政区域内，药品研发机构应当具备依法独立承担责任的能力，科研人员应具备中国国籍。申请中应当提交相应的资质证明文件和药品质量安全责任承担能力相关文件，包括责任承诺书、担保协议或者保险合同等。

第三，允许跨试点区域委托生产。允许申请上市许可持有人与生产企业不是同一主体，这有利于申请上市许可持有人承担全生命周期药品安全性有效性保证义务，有利于资源优化配置。试点方案中明确允许上市许可持有人在10个试点区域内优化生产资源配置，允许委托受托生产企业生产药品，体现了上市许可持有人制度的优势，即由上市许可持有人根据市场需求决定资源的配置方式，给予上市许可持有人高度的自主权。

第四，简化技术转让与受托生产企业审批。试点方案允许临床试验申请或者上市许可申请批准前后变更上市许可持有人和生产企业，并规定了变更申请程序。方案规定变更上市许可持有人以补充申请方式办理，相当于原来的技术转让审批，意味着药品安全性有效性保证义务和责任的转移。而变更生产企业补充申请则属于生产场地变更范围，相当于原来的委托生产审批，应当根据已有规定实行相应的基于风险的审批管理。上市许可持有人和生产企业变更由原来的独立行政许可，转变为上市许可的补充申请，是简化行政许可的重要体现。

第五，试点范围涵盖了化学药品、中药和生物制品。试点范围广，既考虑了新旧注册分类，也考虑了新药和仿制药。上市许可持有人制度对于各类药品无本质上的适用差异，主要优势在于明确责任主体，减少资源重复建设，鼓励创新。对于新药研发来说，上市许可持有人不再受自身生产资质的限制，可以尽快地通过委托生产方式将药品产业化，但需要承担因此带来的专利等技术秘密泄露的风险。对于仿制药，上市许可持有人不必再去重复提交药品上市申请获得批准文号，这将有利于培育一些质量体系完善、社会信誉好、专注于委托生产的药品生产企业。可以预见的是，在试点工作期间，试点区域内的药品重复申请数量将有所减少。

第六，申请人、上市许可持有人与药品生产企业责任明晰。上市许可持有人是药品上市许可的责任主体，承担药品全生命周期安全性有效性保证义务，包括注册、生产、流通、监测和评价、质量追溯、信息公开等，某些义务可以与生产企业进行合同约定，但最终责任应当由上市许可持有人依法承担。试点方案强化申请人和上市许可持有人的主体责任，建立药品质量安全责任追究的利益链条，申请人和上市许可持有人在选择研发、生产、销售等合作伙伴时将更加慎重，以避免日后出现药品质量安全法律责任纠纷。可以预期，试点方案将有助于企业和个人行为规范和诚信体系的建立。

第七，药品上市后监督管理措施设计有力。试点涉及跨区域监管问题，即上市许可持有人与生产企业所在地不在一个试点区域，方案中采取两者所在地省级药品监督管理部门联合延伸监管模式。在监管措施上，引入约谈、告诫信、限期整改、修订说明书、限制使用、召回、撤销批准证明文件、暂停研制、生产、销售、使用等风险控制措施，并对上市许可持有人和生产企业追责，同时追究相关责任人责任。多种风险控制措施联合使用，由单位追责扩展至个人追责，建立药品上市许可持有人法律责任追究的有效机制。

三、试点什么

（一）试点核心

那么，上市许可持有人制度试点到底在试什么呢？其试的核心是，"取消批准文号与生产企业捆绑"的制度到底是否适合在我国推行。

一直以来，我国对国产药品实行上市许可与生产企业捆挷的管理模式，仅允许药品生产企业在取得药品批准文号，经药品生产质量管理规范认证后，方可生产该药品。实践中，药品研发机构和科研人员无法取得药品批准文号，新药研发机构获得新药证书后只能将相关药品技术转让给药品生产企业。这种"捆绑"的模式，不利于鼓励创新，不利于保障药品供应，不利于抑制低水平重复建设。开展药品上市许可持有人制度试点工作，对于鼓励药品创新、提升药品质量具有重要意义。开展上市许可持有人制度试点，有利于药品研发机构和科研人员积极创制新药，有利于产业结构调整和资源优化配置，促进专业分工，提高产业集中度，避免重复投资和建设。

可以说，全国人大常委会授权国务院开展药品上市许可持有人制度试点，试的就是"允许药品研发机构和科研人员取得药品批准文号，对药品质量承担相应责任"，即对该药品的安全性、有效性和质量可控性负全面责任。

《试点方案》中规定"试点行政区域内的药品生产企业参照本方案中上市许可持有人的有关规定执行"，即试点行政区域内的药品生产企业可以申请参加试点工作。

（二）试点区域

试点区域为北京、天津、河北、上海、江苏、浙江、福建、山东、广东、四川十个省、直辖市。根据新修订的《立法法》有关特定事项授权的有关规定，药品上市许可持有人制度试点应限定在部分区域内。经认真研究，综合考虑药品产业发展分布状况、自由贸易试验区（上海、福建、广东、天津）、京津冀协同发展以及近三年我国药品注册申请数量较多省份（包括江苏、山东、浙江、四川）各方面因素，将试点区域定为上述十个省、直辖市，以期充分发挥上市许可持有人制度对鼓励新药创新的积极作用。

需要说明的是，试点区域范围的含义是申请人、上市许可持有人、药品生产企业均应在试点区域范围，两者任何一方不在试点区域的，均不符合试点条件。例如，境外申请人与试点区域企业合同生产就不符合试点条件。

（三）试点药品范围

试点药品范围主要包括试点方案实施后批准上市的新药、按

新标准批准的仿制药以及试点方案实施前已批准上市的部分药品
（表 2-1），满足表中任何一项均可以参与试点。不包括麻醉药品、
精神药品、医疗用毒性药品、放射性药品、预防用生物制品、血液
制品。试点药品范围包括相应类别或者情形的原料药。

表 2-1　上市许可持有人试点的药品范围

类别	具体类别
本方案实施后批准上市的新药	现行《药品注册管理办法》注册分类申报的化学药品第 1~4 类 第 5 类（仅限靶向制剂、缓释制剂、控释制剂）
	中药及天然药物第 1~6 类
	治疗用生物制品第 1 类、第 7 类和生物类似药
	新注册分类申报的化学药品第 1~2 类
按与原研药品质量和疗效一致的新标准批准上市的仿制药	化学药品注册分类改革实施后，按照新注册分类申报的化学药品第 3~4 类
本方案实施前已批准上市的部分药品	通过质量和疗效一致性评价的药品
	试点行政区域内，药品生产企业整体搬迁或者被兼并后整体搬迁的，该企业持有药品批准文号的药品

《国务院办公厅关于印发药品上市许可持有人制度试点方案的
通知》（国办发〔2016〕41 号）中未纳入试点范围的药品多属于现
行法律法规文件中明确禁止委托生产的药品。《药品管理法》第十三
条规定，经省、自治区、直辖市人民政府药品监督管理部门批准，
药品生产企业可以接受委托生产药品。《药品管理法实施条例》（国
务院令第 360 号）第十条规定，疫苗、血液制品和国务院药品监督

管理部门规定的其他药品，不得委托生产。这些药品一般被列入高风险药品范围，在上市许可持有人制度试点当中试点的品种可能会涉及委托生产问题，由于缺乏前期实施这些药品委托生产及监管经验，因此暂时未纳入试点范围。

但对于治疗性生物制品则突破了原来的委托生产限制，允许治疗用生物制品第 1 类、第 7 类和生物类似药参与试点。以治疗用生物制品 2 类单克隆抗体为例，如拟申报的药品为新药，可考虑按照治疗用生物制品第 1 类、第 7 类研发申报；如拟申报的药品为国内已有上市品种，可考虑按照生物类似药研发申报①。

对于通过质量和疗效一致性评价的药品，符合试点工作要求的，其药品生产企业可以按照《国务院办公厅关于印发药品上市许可持有人制度试点方案的通知》规定的程序申请成为上市许可持有人。在仿制药质量和疗效一致性评价工作中，上市许可持有人在报送通过一致性评价申请时，可以一并申请成为上市许可持有人。国家食品药品监督管理总局在批准通过一致性评价的同时明确上市许可持有人。这一突破性规定，解决了先评价再技术转让的限制，改为允许技术转让与一致性评价同时申报的方式，以使合作双方对一致性评价后上市许可持有人变更有个明确的预期。

国家食品药品监督管理总局《关于推进药品上市许可持有人制度试点工作有关事项的通知》（食药监药化管〔2017〕68 号）规定加快试点企业有关申报注册品种的审评审批。对于各省遴选的拟开展委托生产的试点品种上市申请，申请人可以提出申请，国家食品

①　国家食品药品监督管理总局.《药品上市许可持有人制度试点方案》政策解读 [EB/OL]. 国家食品药品监督管总局，2016-06-17. http://www.sfda.gov.cn/WS01/CL1790/156244.html

药品监督管理总局药品审评中心纳入优先审评审批的，其研制现场核查、临床试验数据核查、生产现场检查、样品检验以及药品 GMP 认证等一并予以优先办理。

（四）上市许可持有人条件

药品上市许可持有人应当是在试点区域内依法设立且能够独立承担责任的药品研发机构，或者在试点区域内工作且具有中国国籍的科研人员。试点行政区域内的药品生产企业参照《试点方案》中的上市许可持有人的有关规定执行。对上市许可持有人的条件要求可以概括为以下四点。

第一，上市许可持有人条件放宽。可以是符合条件的药品研发机构和科研人员。

对申请人和上市许可持有人的条件要求可以概括为资质和能力。申请人在提交药品注册申请时，要同时提交相应的资质和能力证明，以便供受理申请的药品监督管理部门审核，不符合条件的不能参加试点。

资质方面，科研机构通过合法登记证明文件（营业执照等）复印件等证明其在试点行政区域内依法设立且能够独立承担责任；个人，即科研人员应当提交居民身份证复印件、个人信用报告、工作简历（包含教育背景、药品研发工作经历等信息）以及诚信承诺书。持有《外国人永久居留证》并在中国境内工作的外籍科研人员不能作为申请人。

能力方面，主要通过承诺、担保和保险的方式间接提供证明。科研人员申请药物临床试验的，应当提交药物临床试验风险责任承诺书，承诺在临床试验开展前，向其所在地省级药品监督管理部门提交与担保人签订的担保协议或者与保险机构签订的保险合同。药品研发机构或者科研人员申请成为上市许可持有人的，应当提交药品质量安全责任承诺书，承诺在药品上市销售前，向其所在地省级药品监督管理部门提交与担保人签订的担保协议或者与保险机构签订的保险合同；对于注射剂类药品，应当承诺在药品上市销售前提交保险合同。保险合同或者担保协议的金额应当与申请人（上市许可持有人）资质、药物临床试验风险、上市后临床使用风险以及上市销售预计规模等相适应，具体由申请人（上市许可持有人）与保险机构或者担保人协商。保险合同或者担保协议的其他具体要求，可由各试点省（市）药品监督管理部门研究制定。

对于研发机构、药物研发外包服务公司（CRO）以及高等院校二级单位等申请成为上市许可持有人的，对其资质要求是，申请人应当属于在试点行政区域内依法设立且能够独立承担责任的法人机构，提交的申报资料应当符合《试点方案》的要求。申请人应当参与所申报试点品种的主要研发工作，掌握全部研发汇总资料，具备对相关产品的质量控制能力以及风险防范能力。对申报新药的，申请人一般需拥有该品种的相关知识产权[1]。

第二，上市许可持有人只能为一个主体。试点工作期间，上市许可申请人及上市许可持有人原则上仅为一个主体。药品生产企业作为上市许可持有人的，不需要具备与所持有品种相应的生产许可范围。如自行生产的，需要具备相应的资质。

---

[1] 国家食品药品监督管理总局.《药品上市许可持有人制度试点方案》政策解读（三）[EB/OL]. 国家食品药品监督管总局，2017-01-03. http://www.sfda.gov.cn/WS01/CL1790/168247.html

　　第三，允许集团集中持有批准文号。为了整合技术资源，促进专业化规模化生产，药品生产企业集团公司可以将各控股子公司的药品批准文号集中到集团公司持有，成为上市许可持有人。集团公司按各控股子公司生产加工能力将产品进行调配整合，使各子公司成为有特点、有优势、有规模的生产基地。集团公司对各子公司实行统一的质量管理体系，集团公司对所有上市的产品质量负全部责任。集中到集团公司持有的药品批准文号，由转入方所在地的省级食品药品监管部门审核，报国家食品药品监督管理总局批准，产品转出方所在地的食品药品监管部门要给予支持。

　　药品生产加工场地异地搬迁或者车间异地搬迁的，可以将药品批准文号留在原企业持有，生产管理、技术标准、产品质量与原生产企业一致，由新建的生产加工企业或者生产车间生产。整体搬迁或者被兼并后整体搬迁，原企业成为上市许可持有人，由上市许可持有人向生产企业所在地的省级食品药品监管部门提出受理、技术审评、现场检查、样品检验等申请，并由所在地的省级食品药品监管部门审批后报国家食品药品监督管理总局备案（生物制品须报国家食品药品监督管理总局开展技术审评和行政审批）。试点品种的注册生产现场检查与《药品生产质量管理规范》（药品GMP）认证现场检查合并开展。

　　第四，允许隐形持有人转变为上市许可持有人。药品研发机构所属的生产企业可以将药品批准文号转移至药品研发机构持有，药品研发机构作为上市许可持有人进行委托生产。

　　在申报上述调整事项时，企业应按照食品药品监管部门的相关规定向国家食品药品监督管理总局如实报送药品处方、生产工艺、原辅料包材和质量标准等全套产品档案的登记工作。

（五）受托生产企业条件

在上市许可持有人制度下，上市许可持有人与药品生产企业可以是委托关系，改变以往要求批准文号持有者必须是具有相应 GMP 证书的药品生产企业的要求，这种改变体现在以下几个方面。

第一，允许上市许可持有人与药品生产企业存在委托关系。分两种情况：第一种情况，在申报上市时，上市许可持有人提交申请，连同受托生产企业信息一同上报；第二种情况，在获得批准文号后，委托其他生产企业生产药品或变更生产地点，这种情况下，需要提交变更申请。

实际生产药品的受托生产企业应当为试点区域内依法设立，持有相应药品生产范围的《药品生产许可证》以及《药品生产质量管理规范》（以下简称"药品 GMP"）认证证书的药品生产企业。

第二，允许上市许可持有人多点委托生产。上市许可持有人可以委托多个受托生产企业同时生产试点药品。在这种情况下，上市许可持有人应当提交相关技术验证资料，以保证不同生产场地药品质量和疗效的一致性。《国家食品药品监督管理总局关于推进药品上市许可持有人制度试点工作有关事项的通知》（食药监药化管〔2017〕68 号）规定，上市许可持有人需建立药品质量管理体系。在保证药品质量和疗效一致的前提下，允许上市许可持有人申请委托多个企业生产加工。上市许可持有人在获批首家生产后，可以再委托其他生产企业生产加工。委托加工的药品，必须处方、工艺、质量一致，由上市许可持有人承担相应的法律责任。对于批准多点生产的试点品种，在药品批准证明文件中核发 1 个药品批准文号，分别列明相关受托生产企业名称、生产地址，在药品标签、说明书中注明具体生产企业名称和生产地址等信息。药品生产加工企业必须严格执行药品 GMP 相关规定，并接受监管部门的检查监督。上市许可持有人为药品生产企业的，可以在自行生产的同时，申请委托其他生产企业生产试点药品品种。

第三，特定情况下，允许尚未经过 GMP 认证的生产企业接受委托生产。对于原料药、生物制品，在申报时，相关受托生产企业应当在符合 GMP 的车间制备样品，制备过程应当严格执行 GMP 的要求；上市许可申请获得批准后，相关受托生产企业可以凭试点品种的批准证明文件申请开展 GMP 认证；通过认证后，方可生产、销售相关产品；委托关系取消，且委托生产品种相对应的药品 GMP 证书或者生产范围是与品种唯一相关的，由受托生产企业所在地省级药品监督管理部门将品种相应的 GMP 证书或者生产范围予以收回或者核减。

对于除原料药、生物制品以外的试点药品品种，在申报时，相关受托生产企业应当持有包含相应剂型范围的 GMP 认证证书。

（六）上市许可持有人申请与变更

试点阶段，符合试点要求的，上市许可持有人申请与注册申请一同提交，或者以补充申请形式提交。

第一种情况，试点方案实施后的新注册药品，申请人可以在提交药物临床试验申请或者药品上市申请的同时，申请成为上市许可持有人。试点方案实施前已受理临床试验申请或者上市申请、尚未批准上市的药物，申请人可以提交补充申请，申请成为上市许可持有人。申请人拟委托受托生产企业生产的，在提交药品上市申请或者补充申请的同时，应当提交受托生产企业信息。

第二种情况，对于试点方案实施前已批准上市的药品，符合试点要求的，申请人可以提交补充申请，申请成为上市许可持有人。申请人拟委托受托生产企业生产的，在提交补充申请的同时，应当提交受托生产企业信息。

试点期间允许申请人和上市许可持有人变更生产企业。药品上市申请获得批准后，上市许可持有人可以提交补充申请，变更上市许可持有人及受托生产企业。在已受理药物临床试验申请或者药品上市申请、尚未批准阶段，申请人可以提交补充申请，变更申请人及受托生产企业。变更上市许可持有人或者申请人的，由转让和受让双方共同向受让方所在地省局申请，由省局报国家局审批；变更受托生产企业的，由上市许可持有人或者申请人向其所在地省局申请，由省局报国家局审批。

（七）上市许可持有人义务

上市许可持有人履行《药品管理法》以及其他法律法规规定的有关药品注册申请人、药品生产企业在药物研发注册、生产、流通、监测与评价等方面的义务，并承担相应的法律责任，具体包括与受托生产企业签订书面合同以及质量协议、按照国家有关药品流通法律法规等要求销售药品或者委托符合资质要求的其他企业代为销售、设立网站主动公开药品信息、履行上市药品造成人身损害的赔偿责任等。

上市许可持有人的义务是否可以委托呢？申请人（上市许可持有人）可以委托第三方主体开展药品质量和试点品种的上市后不良反应监测工作，但相关委托不免除申请人或上市许可持有人应当履行的义务与责任。这种规定可以概括为"委托工作，但不委托责任"。

（八）受托生产企业的义务

受托生产企业应当履行《药品管理法》以及其他法规规定的有关药品生产企业在药品生产方面的义务，并承担相应的法律责任。此外，还应当通过与上市许可持有人签订委托生产质量协议的方式约定并履行相关义务，并承担相应的法律责任。

（九）上市许可持有人销售药品

上市许可持有人是药品生产企业的，可以销售本企业持有批准文号的药品。上市许可持有人为药品研发机构、科研人员的，是否可以自行销售所持有的品种？

药品研发机构、科研人员作为上市许可持有人的，具备药品经营资质的，可以自行销售所持有的品种；不具备药品经营资质的，应当委托受托生产企业或者药品经营企业代为销售药品，约定销售相关要求，督促其遵守有关法律法规规定，并落实药品溯源管理责任。

符合《药品经营许可证》申请条件的上市许可持有人，可以向相关部门申请核发《药品经营许可证》。对于流通环节的质量管理体系与风险控制体系建设，上市许可持有人应当按照《药品经营质量管理规范》（GSP）的有关要求执行。

（十）跨省监管

上市许可持有人制度试点过程中，可能会出现上市许可持有人与药品生产企业不在同一省份的情况，对于这种情况，属地化管理原则仍然适用于上市许可持有人异地委托跨省监管。

这种情况下，上市许可持有人所在地省级药品监督管理部门负责对上市许可持有人及批准上市药品的监督管理，监督上市许可持有人保证产品质量、委托生产管理、上市销售与服务、不良反应监测、产品召回、上市后再评价等义务履行情况进行监督管理。

受托生产企业跨试点省市行政区域的，上市许可持有人所在地省级药品监督管理部门联合受托生产企业所在地省级药品监督管理部门进行延伸监管，监督上市许可持有人履责到位、责任落实，督促受托生产企业严格管理、规范生产。

受托生产企业所在地省级监管部门负责相关企业的日常监管工作，督促相关企业持续合规。上市许可持有人所在地省级药品监督管理部门和受托生产企业所在地省级药品监督管理部门通过加强衔接配合，通力协作，确保监管任务落实到位。

（十一）法律责任追究

对于违反《药品管理法》等法律法规以及《试点方案》有关规定的上市许可持有人及受托生产企业，所在地省级药品监督管理部门应当组织依法查处。

对于药品质量安全违规行为造成安全隐患的，省级药品监督管理部门应当对相关产品采取紧急风险控制措施，并依法组织立案查处，追究上市许可持有人和相关直接责任人的责任。

对于药品生产环节的违规行为，上市许可持有人所在地省级药品监督管理部门组织追究上市许可持有人（或者受托生产企业）的责任。

四、试点红利

药品上市许可持有人制度试点，2017 年 8 月 21 日《国家食品药品监管总局关于推进药品上市许可持有人制度试点工作有关事项的通知》（食药监药化管〔2017〕68 号）的发布，进一步推进药品上市许可持有人试点工作，对试点过程中发现的问题和障碍予以排除，在鼓励创新，优化资源配置方面释放重要利好。与我国《药品管理法》确定的药品管理制度相较，上市许可持有人制度具有四大红利①。

（一）许可申请放开

上市许可持有人制度试点突破了《药品管理法》规定的"只有药品生产企业才能取得药品批准文号"的限制，允许药品研发机构和科研人员取得药品批准文号，对药品质量承担相应责任。改革开放 30 多年来，特别是国家实施创新驱动战略以来，我国一批科研机构、研发型公司和人员投身药物研发工作，药品研发整体水平有

---

① 徐景和.药品上市许可持有人高级研讨会讲话稿整理.国际药政通，2017 年 9 月 9 日北京.

了显著提升。实施上市许可持有人制度后，在试点区域的任何具备条件的民事主体都可以从事药品研发，申请药品上市许可并成为上市许可持有人，将极大地激发药品研发机构和科技人员研发创新药物的积极性和创造性。

（二）批件转让放开

根据《行政许可法》第 9 条规定："依法取得的行政许可，除法律、法规规定依照法定条件和程序可以转让的外，不得转让"。我国现行法律、法规并没有规定药品上市许可证明文件可以转让，相关司法解释也禁止药品上市许可证明文件的转让。长期以来，传统的观点认为，"药品批准文号具有行政许可的意义，依附于企业本身，受《行政许可法》的调整，本身不是财产权，不具有财产价值"。这种观点值得商榷。

药品文号转让问题已经受到国务院的重视。2016 年 3 月 4 日，国务院办公厅发布《关于促进医药产业健康发展的指导意见》，提出加快药品上市许可持有人制度试点，推动药品研发与生产的专业化分工，加快科研成果转化。鼓励开展药品委托研发、生产，逐步放宽药品文号转移限制，引导优势企业兼并重组，减少同质化竞争和审评资源浪费。

药品上市许可证明文件本身包含着财产权和人身权的双重属性。药品上市许可证明文件可以转让，这在许多国家已为基本法理和长期实践。法律允许药品上市许可证明文件的转让，可以促进药品生产要素的合理流动，避免"僵尸"文号的出现，在一定程度上缓解药品审评审批的压力。在上市许可持有人制度下，允许以提出变更申请的方式变更上市许可持有人，这实际上就意味着药品上市许可证明文件是可以转让的。允许药品批准文号转让是药品全生命周期管理的体现，更是质量源于设计理念的集中体现，新上市许可持有人上市的药品必须与原上市许可持有人上市的药品保持一致，批准文号应当全生命周期保持一致，并作为全生命周期监管信息存储的关联依据。批准文号允许转移。为整合技术资源，促进专业化规模化生产，允许批准文号在不同主体间进行转移，具体包括以下几种情况：①集团子公司批准文号转移到集团公司持有。②场地或者车间异地搬迁，药品批准文号留在原企业持有。③药品研发机构所属的生产企业可以将药品批准文号转移至药品研发机构持有。

（三）委托生产放开

根据《药品管理法》规定，药品上市许可证明文件的持有人只能是药品生产企业，药品委托生产的委托方只能是药品生产企业。在上市许可持有人制度下，上市许可持有人可以是药品企业，也可以是药物研发机构或者科研人员，因此，委托方可以是药品企业，也可以是药物研发机构或者科研人员。上市许可持有人委托其他企业生产销售药品，不用增加相关厂房设施和人员投入，这对节约经济资源、遏制低水平重复建设，具有十分重要的意义。在上市许可持有人制度下，委托生产审批将转变为生产变更补充申请的审批，这将更加便利于药品委托生产的选择。

（四）集团持有放开

对于集团公司来说，有一种利好可以兼顾"批件转让放开"和

"委托生产放开"，即"集团持有放开"。集团公司可以将各控股子公司的药品批准文号集中到集团公司持有，成为上市许可持有人。集团公司按各控股子公司生产加工能力将产品进行调配整合，使各子公司成为有特点、有优势、有规模的生产基地，集团公司统一各子公司的质量管理体系，对所有上市的产品质量负全部责任。

上述"四个放开"，是解放生产力、发展生产力的需要，也是市场经济社会下生产经营要素自由流动的必然要求。上市许可持有人制度的核心是放开，要义也是放开。放开必将带来技术的创新、交易的自由和经济的活力。

五、试点进展

（一）试点稳步推进、初见成效

上市许可持有人制度试点方案发布后，被确定为试点区域的十个省市积极落实试点工作，分别细化本地试点方案，加强试点区域内的组织领导和省际协作，强化上市许可持有人相关政策的宣传培训，完善优先审评和保险对接等配套措施，探索以上市许可持有人为核心的延伸监管和异地监管，全力推进试点工作的平稳进行。

试点工作获得业内广泛关注和积极评价。可以说，上市许可持有人制度是行业期盼已久的政策，试点的开展，激发了试点区域内外不同主体的研发创新活力，试点区域外对区域内进展情况关注和羡慕的同时，也在积极准备试点全面推开后分享制度红利。

从试点开始至 2017 年 10 月 20 日，十个试点省市药品注册申请人共提出上市许可持有人申请560件（按药品注册申请受理号计），试点申请稳步增长，涵盖了试点方案规定的行政区域、主体类型和试点药品范围。

据国家食品药品监督管理总局统计，自《试点方案》发布以来至2017年10月20日，各试点省（市）申请人提出的药品上市许可持有人制度试点品种相关注册申请560件（按受理号计），各试点省份的受理主要情况如图2-1所示。

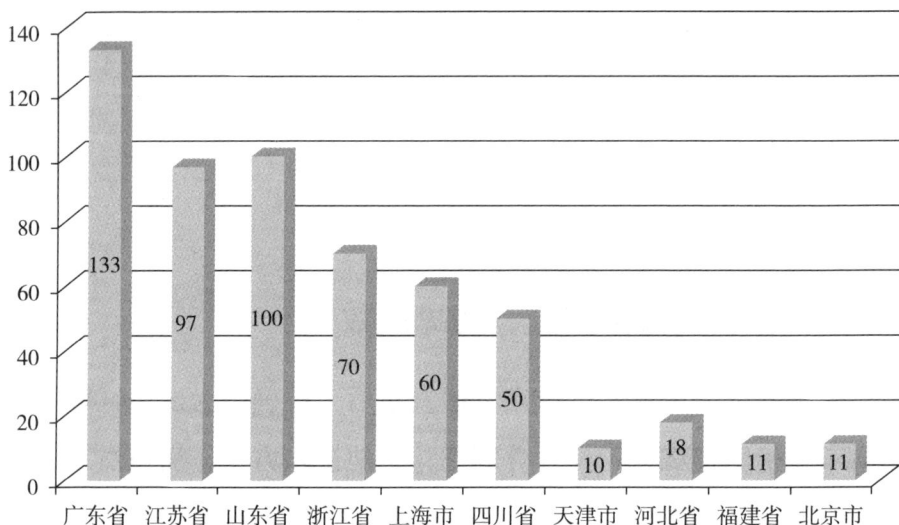

图2-1　至2017年10月上市许可持有人申请受理情况

按照参与试点的主体统计，研发机构申请试点文号有193件，占34.46%，生产企业申请试点文号367件，占比65.54%，目前暂无科研人员申请试点（1人申请后撤回），如图2-2所示。

按照试点药品范围统计，上述560件上市许可持有人申请中，包含新药申请275件，占49.11%；按与原研药质量和疗效一致的新标准研发的仿制药申请249件，占44.46%；已上市仿制药通过报送一致性评价申请时一并申请的文号 9 件，占比 1.61%；通过集团内部资源整合申请文号申请 10 件，占比 1.79%；通过整体搬迁申请 17 件，占比 3.04%（图 2-3）。

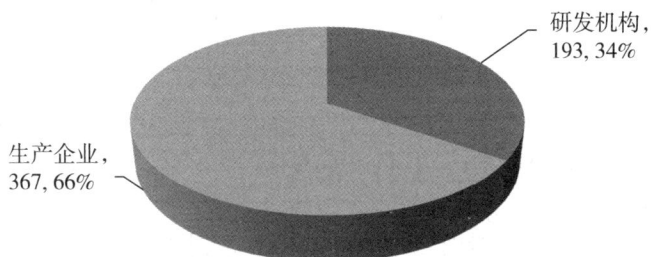

图 2-2 至 2017 年 10 月上市许可持有人试点主体情况

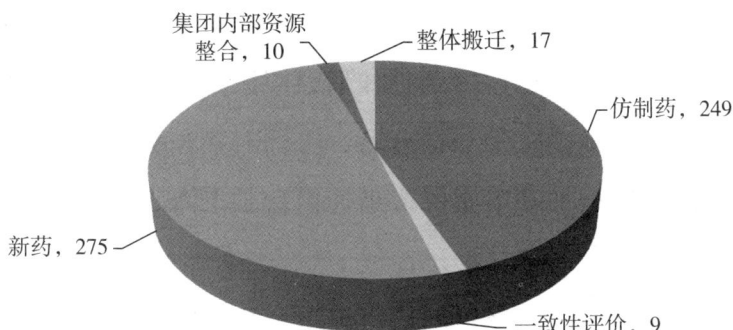

图 2-3 上市许可持有人试点申报药品范围（截至 2017 年 10 月）

（二）京津冀试点工作亮点

北京市、天津市、河北省食品药品监管局分别印发药品上市许可持有人制度试点工作实施方案，全面推行药品上市许可持有人制度试点工作，将遴选具有代表性和影响力的创新药物品种纳入本市药品注册快速审查范围，开通绿色通道，给予重点培育、先期指导和全程跟踪服务，促进更多医药创新成果在京津冀转化落地，推动医药产业向高精尖经济结构迈进。遵循"五大发展理念"，贯彻"京津冀协同发展"战略，立足首都城市战略定位，按照权责明晰、风险可控、程序优化、监管科学、逐步完善的原则落实试点工作，包含指导思想、试点内容、试点范围，申请人、上市许可持有人和受托企业相关条件、义务和责任，申请的有关细节以及监督管理要求等9 项内容。

（三）上海市试点工作亮点

2012 年 7 月，上海启动《抗体药物合同生产试点方案及可行性研究》课题研究。2015 年 4 月，向国家食品药品监督管理总局上报《上海市食品药品监督管理局关于在上海自贸区张江高科技园区开展以合同生产方式进行抗体药物注册试点工作的请示》。2015 年 11 月，上海市被明确授权参与试点后，立即对接国务院及国家食品药品监督管理总局相关政策文件，迅速出台了上海一系列配套改革举措，积极推进试点工作有效开展。

上海市食品药品监督管理局搭建平台牵头组建创新药物企业促进联盟，结对开展试点。截至 2017 年 8 月，创新联盟集聚了近 20 家创新药物研发和生产企业。

2016 年 2 月，在上海市食品药品监督管理局组织下，建立专项风险保障基金 + 商业保险的风险救济模式，一是由张江管委会出资设立 5000 万元额度的专项风险保障资金；二是组织具有国际生物医药领域保险经验的安达保险公司，研究制定了涵盖产品研发、生产和上市等不同阶段的一揽子商业责任险方案，设计了产品责任险、临床试验责任险以及错误与疏漏责任险等险种。太平洋保险、平安保险等也相继推出了与试点工作配套的商业责任险产品。2016 年

8月8日，发布《上市许可持有人与受托药品生产企业质量协议撰写指南》，指导上市许可持有人和受托生产企业签署《质量协议》。

（四）广东省试点工作亮点

广东省是上市许可持有人申报受理数量最多的省份。广东省正在实现将创新药注册与上市许可持有人试点无缝对接，将上市许可持有人申报与创新药注册申请工作程序融合，共同纳入绿色通道中，同时完善创新药和上市许可持有人注册制度，加快审查速度。

广东省一方面通过上市许可持有人试点鼓励创新药申报，同时借力产业机构调整，推进省内医药企业转型升级，支持推进广药集团作为国家总局整体搬迁和兼并搬迁的上市许可持有人试点企业。

广州白云山奇星药业有限公司是全国第一家整体搬迁情形获批药品上市许可持有人的药品生产企业。深圳微芯生物科技有限责任公司是国内首家获批试点的集团持有批准文号企业，深圳微芯是西达本胺片及其原料药的药品上市许可持有人，其全资子公司深圳微芯药业有限责任公司获批成为受托生产企业。

（五）山东省试点工作亮点

国家启动试点工作以来，山东省政府高度重视，将上市许可持有人制度试点工作作为药品审评审批改革的重点任务来抓。省政府召开专题会议部署相关工作，建立协调推进机制。省政府研究室、省食品药品监管局组成联合调研组，组织开展省内外调研并起草专题调研报告。省领导在调研报告上批示要求将医药产业纳入新旧产能转换重点产业规划。

2017 年 4 月 19 日召开全省专题推进会，重点研究部署试点工作推进措施，并针对全生命周期管理、跨区域监管、多点委托加工等新要求、新模式进行系统研究，及时完善配套新制度。在济南、青岛、淄博、烟台、临沂、菏泽等市，分片组织推进试点工作，解读宣贯试点政策。省食品药品监督管理局印发《关于开展药品上市许可持有人制度试点工作的通知》，发布《山东省药品上市许可持有人申报程序和资料要求的通告》，制定《临床试验风险责任承诺书》《药品临床试验／上市许可持有人担保协议》《担保函》《药品质量安全责任承诺书》《药品上市许可持有人委托生产合同》等 6 份材料模板，同时对企业整体搬迁、集团公司持有子公司药品批准文号、药品研发机构持有所属企业药品批准文号等新情况予以明确。

探索风险救济制度，有效保障患者权益。山东省要求药品研发机构或者科研人员药品上市时要提交保险合同或者担保协议，实现风险分担和损害救济，提升了上市许可持有人的责任承担能力。太平洋保险公司系列保险已在山东投入使用，并与多个药品上市许可持有人签署合作协议，赔偿额度从 500 万 ~5000 万元不等。

试点以来，山东省申报试点项目位居全国第 2 位，2016 年 12 月，齐鲁制药有限公司申报的"吉非替尼"获准上市，成为全国首家药品上市许可持有人。该药打破原研药市场垄断，大幅降低患者用药负担。

（六）浙江省试点工作亮点

2017 年 4 月，浙江省食品药品监督管理局组织调研，对全省每一家药品生产企业、每个剂型、每条生产线逐一摸排，调研结果有

85 家药品生产企业可接受委托生产，在该局官网的试点工作专栏中予以公布，为研发机构和受托生产企业搭建了桥梁，减少生产设备的重复建设或者空置浪费。

2017 年 6 月 26，浙江省人民政府办公厅发布《关于加快推进仿制药质量和疗效一致性评价及药品上市许可持有人制度试点工作的实施意见》（浙政办发〔2017〕56 号）指出，要加大鼓励支持力度。探索试点药品风险救济资金，对上市许可持有人和受托生产企业，提供风险救济保障，并为企业购买商业责任险提供保费补贴。

浙江省也是全国首个获批化药和首个中药上市许可持有人制度试点品种的省份。浙江医药股份有限公司的苹果酸奈诺沙星原料药及其胶囊剂（商品名：太捷信）经国家食品药品监督管理总局批准，浙江医药新昌制药厂是上市许可持有人，是国内试点省份首个获批的化药新药。浙江康德药业集团股份有限公司的丹龙口服液是试点省份首个获批的中药新药。

（七）江苏省试点工作亮点

江苏省药品上市许可持有人试点工作信息平台于 2017 年 4 月 25 日正式上线运行。该工作信息平台结合现代网络化数据库管理和微信群及时聊天的特点，由上市许可持有人资源、政策消息、上市许可持有人互动三大功能组成，为所有注册会员提供上市许可持有人相关产业资源、注册政策法规信息和试点讨论搭建一个信息共享平台，同时下设七个专业微信功能群：上市许可持有人和 CMO（合同生产企业）资源交流群、上市许可持有人委托生产管理群、上市许可持有人委托销售管理群、上市许可持有人异地监管职责群、上市许可持有人保险和药害救济群、上市许可持有人制度下的 ADR 监测群、临床试验交流群，促进上市许可持有人、受托生产企业、经营企业和监管部门之间的工作交流，为试点工作建言献策。

普克鲁胺片成为江苏省首个获批开展临床试验的上市许可持有人试点品种。2017 年 7 月，国家食品药品监管总局批准苏州开拓药业股份有限公司 1.1 类新药普克鲁胺片临床试验申请，适应证为前列腺癌和乳腺癌，苏州东曜药业有限公司为药品受托制剂生产企业，API 生产则外包给了海门慧聚药业，东曜和慧聚都是台资企业，均设立在江苏省内。

（八）四川省试点工作亮点

四川省为推动上市许可持有人制度试点工作开展，特设定奖励制度，具体规定为：对获得全省前 10 位上市许可持有人的申请人，省财政一次性给予适当奖励。同时在人才引进、科研立项、成果转化等方面优先扶持上市许可持有人制度试点项目。

四川省食品药品监督管理局确定成都高新区、成都温江区、泸州医药产业园、眉山经济开发区、岳池医药产业园作为该省药品上市许可持有人制度试点工作示范区。5 个试点区纷纷做好准备，通过建设平台满足药物研发和申报的需求。岳池医药产业园，投资数亿元兴建了创新药物公共服务中心；泸州启动建设生物医药公共服务平台，今年底将建成药品中试孵化器；温江整合资源，鼓励企业将现有的技术和服务平台开放。

四川正在完善药品委托生产、药品质量安全责任承诺、商业保险和担保等配套制度。温江区等试点区域已经着手探索信用、担保、保险模式等制度创新。

（九）福建省试点工作亮点

福建省在厦门生物医药港、福州、三明医药产业集中区和柘荣海西药城开展上市许可持有人试点探索。鼓励省内优质的制药企业与省内外制药企业合作，建立委托生产加工的技术平台。

福建省厦门特宝生物工程股份有限公司自主研发的一类新药"聚乙二醇干扰素 α-2d 注射液"（商品名：派格宾）获批药品上市许可持有人制度试点品种，该公司成为福建省首个生物制品上市许可持有人。

六、遇到的问题

试点过程中，各地遇到各种问题，在此列举一些，希望有关专家、学者共同研究。

（一）个人与上市许可持有人试点

试点方案中允许科研人员提出新药申请，成为上市许可持有人。但试点过程中，天津市一名科研人员提出药品上市申请，后经过自我风险评估认为无法达到上市许可持有人的资质和条件，主动撤回了申请。在制定试点方案时，采取扩大申请人范围，其目的在于鼓励创新，但同时强化上市许可持有人药品全生命周期安全性和有效性保证义务和责任。科研人员能否成为上市许可持有人取决于申报条件还是取决于自身能力，是依靠行政机关的判断，还是依靠自身能力的评估和决策，是一个值得思考的问题。

（二）集团集中持有批准文号的风险

试点过程中，允许集团集中持有子公司批准文号，集团公司把子公司批准文号集中，优势是可以调配集团内资源，防止低水平重复建设，提高生产效率；弊端是集团公司的风险也随着集中持有而提高，一旦所持有的一个产品出现问题，集团公司作为上市许可持有人将承担全部责任，有可能涉及品牌和商誉损失，影响的将是集团的所有产品，这种风险不仅仅是损害赔偿的资金损失，也许是致命性的关系到集团生死存亡的风险。允许集团集中持有的同时，是否允许批准文号实际上市许可持有人与集团内生产企业进行资源的合理配置？另外，集团内委托生产与集团外委托生产到底是否存在本质差异，是否需要差别对待，也是值得深入研究的问题。

（三）委托生产与变更场地的关系

在原来"捆绑"模式下，委托生产和场地变更是两个不同的许可事项，场地变更实际上是生产企业内部由于新建、改建、扩建车间而发生场地变更，提交补充申请，而不同生产企业间的场地变更就按委托生产办理。试点方案中统一了两种情况，无论生产企业内部还是外部场地变更都按补充申请办理，其核心都是保证变更前后生产出的产品的一致性。这里仍然需要思考以下问题，如是否允许部分委托生产？或者称部分场地变更？生物制品的上市许可申请提交后，尚未批准上市前，是否允许变更生产企业或者场地？对于上市许可持有人或者生产企业只有一方在试点区域范围的，目前不纳入试点范围，有意愿且品种符合条件的申请人或者生产企业是否可以参与试点，以扩大试点的利好范围？委托生产或者场地变更在试点期间均局限在十个省市，在上市许可持有人制度推开后，将面临全国范围的场地，甚至是全球范围的场地，也可能是分散的场地，原来针对生产企业的监管模式向针对生产场地的监管模式如何转变？

（四）一致性评价品种参与试点时机

试点方案规定，通过仿制药质量和疗效一致性评价的品种可以申请参加上市许可持有人制度试点，具体做法是在提交上市申请时同时提交上市许可持有人申请。截至 2018 年 5 月底，第一批通过仿制药质量和疗效一致性评价的品种 17 个，第二批 5 个品种，第三批 7 个品种，第四批 8 个品种，大量品种正在评价当中。部分品种因为种种原因放弃评价，放弃评价很大程度上是因为仿制药一致性评价的投入与预期的市场回报不匹配，单个品种生物等效性试验（BE）试验费用已达 500 万元人民币，缓控释制剂 BE 费用高达 1000 万元人民币。一些企业想放弃某些品种一致性评价的时候，另一些企业又想拿到这些产品的批准文号，在试点阶段，是否允许先转让品种再开展一致性评价呢？

《国家食品药品监管总局关于推进药品上市许可持有人制度试点工作有关事项的通知》（食药监药化管〔2017〕68 号）规定，在仿制药质量和疗效一致性评价工作中，药品批准文号上市许可持有人在报送通过一致性评价申请时，可以一并申请成为上市许可持有人。国家食品药品监督管理总局在批准通过质量和疗效一致性评价的同时明确上市许可持有人。但各省对仿制药治疗和疗效一致性评价品种实施上市许可持有人制度的时间节点和程序仍存不同的理解，缺乏统一规定。理论上讲，转让后开展质量和疗效一致性评价和转让前原企业开展一致性评价并无实质性监管风险差异，转让双方自担风险是核心，如果对仿制药治疗和疗效一致性评价品种的试点模式再放开一些，采取技术转让、一致性评价申报和申请成为持有人合并进行的程序，是否可以更有利于试点推进和加快仿制药一致性评价的进程呢？

（五）特殊药品持有人制度推行问题

目前，试点品种包括了化学药品（含原料药）、中药、治疗性生物制品，而预防性生物制品、血液制品、毒性药品、麻醉药品、精神药品等未纳入试点范围。高风险药品未纳入试点范围，很大程度上基于《药品管理法》等对于这类产品委托生产的禁止性规定。从国外经验看，预防性生物制品和血液制品也可以采取附加一些必要条件的上市许可持有人模式，以便鼓励这类产品的创新，提高资源利用效率。对于预防性生物制品来说，研发投入高，生产线建设成本高，允许委托能够极大地降低研发附加的生产线投入水平，激发创新活力。如何针对不同类型的药品制定专属性的上市许可持有人管理模式，也是值得深入研究的问题。

（六）试点周期和地区问题

药品研发是一项复杂的系统工程，包括药学、药理毒理和临床试验等研究，从化合物筛选到最终获准上市通常需要 8~10 年的时间，而试点期限仅有 3 年。试点开始后，新药研发领域成为社会资本投资的热点，相当一部分新药研究项目陆续立项，或者刚刚进入早期研发阶段，距新药成果转化仍有距离。有些品种也许来不及参与试点，有些品种可能因为未在试点区域而错过试点，而那些获批以上市许可持有人方式上市的药品，可能也因为上市时间短，上市许可持有人与生产企业的责任分担和法律责任风险无法在短期内呈现出来。试点成功的标志是什么？试点后如何在有限的时间期限内总结经验，发现风险，明确下一步制度如何定？责任如何摆？模式如何行？也是需要考虑的问题。

（七）跨省监管问题

试点过程中，上市许可持有人与生产企业的关系变得多元化，跨省技术转让、跨省合作委托生产情况经常出现，按照《行政许可法》《行政处罚法》等有关法律法规均规定的属地管辖的原则，对上市许可持有人和生产企业的监管如何划分管辖事权，如何保证检查和监管标准的统一一致？

上市许可持有人制度下，场地概念逐渐引入，不同省份对场地的检查是否能得到信息共享和互认，目前尚缺乏统一规定。

上市许可持有人和受托生产企业如果是跨省的，还涉及税收等影响地方经济发展的问题，从而可能带来药品技术跨省转移的障碍，在属地化管理模式下，如何使技术转让和委托生产顺利进行？这些问题有待深入研究。

（八）销售药品问题

上市许可持有人在税务开票，工商登记，药品招标采购等活动中面临一些障碍。"两票制"在全国公立医院逐渐全面推行，对于上市许可持有人这种新模式，如果以上市许可持有人作为招采供应商，是否会得到招采机构认可，是否违反两票制规定？

目前，全国各省的药品招标采购投标主体大多为药品生产企业（除国外进口产品的投标主体是全国总销售之外），截至 2018 年 8 月，仅有内蒙古、天津、江苏、江西、湖南、湖北、甘肃、四川、重庆、云南省接受药品上市许可持有人作为投标人。而北京、河北、河南、黑龙江、吉林、辽宁、山西、安徽、山东、上海、广东、广西、海南、福建、浙江、甘肃、贵州、宁夏、青海、陕西、西藏、新疆仅接受药品生产企业作为投标人。

上市许可持有人能否开具药品销售发票？税务部门要求上市许可持有人的营业范围应当有药品生产或销售的经营范围，而非生产企业类型的上市许可持有人向工商行政部门申请增加"药品生产或销售"营业范围时，工商行政部门则要求药监部门出具药品生产许可证或药品经营许可证。上市许可持有人遇到的上述障碍，实质上是部门之间对药品上市许可持有人视同生产者未达成共识，或者说各地在执行过程中的意见不一致，未来法律层面能否统一明确上市许可持有人视同生产者的主体身份定位？

（九）法律责任界定问题

《侵权责任法》和《民法总则》仅规定生产者、销售者责任，上市许可持有人试点过程中，如果上市许可持有人不是实际生产者，如何界定上市许可持有人的法律责任。上市许可持有人与生产企业和销售企业的责任如何分担？

改革就会遇到新问题，试点就要找到出路，试点中遇到这些问题有待在后面章节中分别深入探讨。

❖ 要点回顾 ❖

全国人民代表大会常务委员会第十七次会议授权国务院在北京、天津、河北等十个省、直辖市开展药品上市许可持有人制度试点，允许药品研发机构和科研人员取得药品批准文号，对药品质量承担相应责任。

上市许可持有人制度试点到底在试什么呢？其试的核心是，"取消批准文号与生产企业捆绑"的制度到底是否适合在我国推行。

试点对行业的红利有四方面，第一，许可申请放开；第二，批件转让放开；第三，委托生产放开；第四，集团持有放开。

截至 2017 年 10 月，全国研发机构申请试点文号有 193 件，占 34.46%，生产企业申请试点文号 367 件，占比 65.54%，目前暂无科研人员申请试点（1 人申请后撤回）。各省试点重点主要关注点在于：为研发机构与受托生产企业搭桥、搭建信息平台；推进临床试验和持有人商业保险和担保等。

试点遇到的问题主要有：个人能否成为持有人的问题；集团集

中持有文号风险高的问题；委托生产与场地变更的关系问题；一致性评价品种参与试点的时机问题；特殊药品持有人制度推行问题；试点周期与地区问题；跨省监管问题；药品销售问题和法律责任界定问题。上述这些问题留待专家学者和读者研讨解决。

第三章

资质与条件

～～～

他们喜欢进步,但是却害怕变
化。人类在本质上是矛盾的。

——（美）艾伦·格林斯潘

新药研发与注册需要经历漫长的过程，包括实验室研究、临床前研究、申报临床试验、开展临床试验、申报上市等几个阶段。在这个漫长的过程中，只有两个阶段是需要经过监管机构审评的，即申报临床试验阶段（IND）和申报上市许可阶段（NDA、BLA 或者 ANDA）。

为什么只在两个关键时间节点设置申请和审评呢？因为临床试验申请获批后药物将用于人体。对于新药来说，药物从动物试验转向首次用于人体，患者的安全和权益是首要关注的问题；而上市申请则意味着药物拟在上市后广泛用于临床，这时的审评关注点是药物对于潜在使用者的风险获益平衡证据是否充分。在这两个关键的审评节点，提交申请的申请人就是临床试验或者药品上市的关键责任主体。

提交临床试验申请阶段申请人通常称为"发起人"或"申办者"（Sponsor），而提交上市申请阶段的申请人通常称为"申请人"（Applicant）。在新药获批上市后，获得药品监管机构批准证明文件的申请人称为"申请持有人"或者"上市许可持有人"，本文统称为"上市许可持有人"，而"发起人"不一定就是获得上市许可的"上市许可持有人"。

药品监管机构对临床试验或者上市申请审评的过程既是对药品安全性有效性证据材料的审评，也是确认申请人、上市许可持有人是否具备保证患者安全和权益或者保证药品全生命周期安全性有效性的资质、条件和能力的过程。

一、科学设定资质与条件

2017 年 10 月 23 日，国家食品药品监督管理总局发布《〈中华人民共和国药品管理法〉修正案（草案征求意见稿）》（以下简称"《草案》"），向社会公开征求意见。《草案》中，药品上市许可持有人制度最为关键，而设定药品上市许可持有人的基本条件，是药品上市许可持有人制度设计的重点和难点。申请人与上市许可持有人是何关系？条件设定是否应当采取同一标准呢？

（一）从身份到能力的转变

《药品注册管理办法》（局令第 28 号）规定，药品注册申请人（以下简称"申请人"），是指提出药品注册申请并承担相应法律责任的机构。境内申请人应当是在中国境内合法登记并能独立承担民事责任的机构，境外申请人应当是境外合法制药厂商。境外申请人办理进口药品注册，应当由其驻中国境内的办事机构或者由其委托的中国境内代理机构办理。这些规定体现了计划经济时代重身份、重资格、重地位的痕迹。我国早已进入市场经济时代，市场经济强调所有民事主体的法律地位是平等的，谁能成为申请人？谁能成为药品上市许可持有人？并不取决于其身份、地位，而是取决于其是否具有相应的资质或者能力。

伴随医药经济的发展，改革开放的深入，药品研发生产的全球化，药品研发注册模式发生深刻的变革，医药研发高端海归人才回国创业，创新型研发企业不断涌现，资本市场对创新药研发的青睐度空前，整个行业创新创业活力全面迸发。为充分调动各方面的积极性和创造性，药品审评审批改革更应当顺应时代发展的需要，有必要放宽药品注册申请主体限制，形成大众创新、万众创业的良好局面[①]。

《全国人民代表大会常务委员会关于授权国务院在部分地方开展药品上市许可持有人制度试点和有关问题的决定》中明确规定，允许药品研发机构和科研人员取得药品批准文号，成为药品上市许可持有人，对药品质量承担相应责任。《国务院办公厅关于印发药品上市许可持有人制度试点方案的通知》（国办发〔2016〕41号）规定，试点行政区域内的药品研发机构或者科研人员可以作为药品注册申请人，提交药物临床试验申请、药品上市申请，申请人取得药品上市许可及药品批准文号的，可以成为药品上市许可持有人。试点方案还明确，属于在试点行政区域内依法设立且能够独立承担责任的药品研发机构，或者在试点行政区域内工作且具有中华人民共和国国籍的科研人员，可以申请成为药品上市许可持有人。《草案》提出全面实施药品上市许可持有人制度，实际上进一步放开了申请人的身份限制。这是全面落实创新驱动战略的必然要求。

但是，药品上市许可持有人主体放开后，并不意味着所有人都能够成为临床试验申请人和上市许可持有人。申请人和上市许可持有人的条件和能力要求可不可以不同？

1. 谁是申请人

临床试验与上市许可审评是两个不同性质的行政许可事项，临

---

① 张晓龙. 制度设计应实现三个重要转变—浅谈科学设定药品上市许可持有人的基本条件 [N]. 中国医药报，2018，1（03）：003.

床试验审评的目的是决定是否允许申请人开展临床试验,严格意义上讲,不是批准临床试验,而是监管机构是否同意申请人开展临床试验,临床试验开展后也可能因为药物安全性、有效性、患者权益保护等原因中止、暂停,甚至终止。

临床试验通常分为两种,一种是以上市药品为目的的,叫作商业性临床试验(以下简称"商业性 IND"),另一种为研究性临床试验(以下简称"研究性 IND"),一般由研究机构或者研究者发起,研究性 IND 多数不以药品注册为最终目的,而是扩展和优化现有疗法。我国《药品管理法》及相关法律法规对临床试验的管理仅限于商业性临床试验。研究性临床试验仍属法律空白。

在国际上,提交临床试验申请的一方通常称为发起人(Sponsor),临床试验"申请人"为何叫"发起人"?发起人即发起临床试验并承担相关责任的人。发起人可以是个人、制药企业、政府机构、学术机构、私人组织或者其他组织。发起人通常情况下不亲自实施临床试验,除非其同时兼任研究者。

"发起人"是否一定是药物研制者?是否一定具备研究能力?答案是:不一定。由于药物研发过程中存在合作、转让、许可、授权、收购、兼并等情况,临床试验出资方和实际开展临床试验的一方谁是研制者?对于监管机构来说,关注点不是谁是研制者,而是关注发起临床试验并承担相关责任的人是谁?即申请人。

临床试验"发起人"是否一定是上市"申请人"?答案是:不一定。申请上市的申请人的身份背后是复杂的商业关系,其可能与罕见病用药资格、优先审评资格、市场独占期、专利期等相关联,因此,申请人是谁是需要明确的关键问题,对药品安全性有效性保证承担"责任"的是谁，也是明确相关"商业利益"的权利归谁所有。以美国为例，其法规中明确规定，上市申请人应是对临床试验有"实质性支持"（Substantial Support）的一方，所谓"实质性支持"就是要通过提供会计师认证的"财务报告"的方式证明申请人在临床试验中负担超过50%以上的研究成本，如果低于该数额或者未提供研究资金支持，则要向FDA解释原因，例如申请人通过收购、兼并了原申请人，患者从原申请人处购买了该药品的全部权利[①]。

实质上，在药物研发到临床试验申请，再到上市许可申请的过程中，收购、兼并、重组、许可授权等情况时有发生，因此，法律法规应当允许申请人的变更。在我国，临床试验申请仅指以上市为目的的临床试验，因此，"发起人"也可以统称为"申请人"。

以美国为例，为了明确界定申请人，通常情况下，在申请人提交临床试验申请和上市申请表时就要写明申请人名称、电话、传真、完整邮政地址，此外，申请表中还要有申请人的授权代表的亲笔签名，列明监察（Monitoring）临床试验执行和进程的负责人的姓名和职务，以及评估临床试验过程中药品安全性信息的负责人的姓名和职务[②]。由此，可以说，申请人的能力要求是具备发起临床试验，且保证临床试验过程中患者安全和权益的能力。

日本则采用给上市许可持有人颁发行政许可的方式。自2005年修订《药事法》引入上市许可持有人制度后，放开了对上市许可申请人的类型门槛限制。但是，现行日本《药事法》第12条规定：拟上市药品、类药品、化妆品或者医疗器械的机构，必须根据不同

① 21CFR 314.108.

② FORM FDA 1571（8/17）

的产品类型获得相应的生产 / 销售许可证（License for manufacturing/marketing business license），持有生产 / 销售许可证的申请人提交药品上市申请，经厚生劳动省批准药品上市后，成为上市许可持有人。申请人提交的上市申请中所涉及的生产企业必须持有药品生产许可证。获得生产 / 销售许可证和生产许可证[①]是日本医药企业进行上市许可申请的前提，但上述两证不一定由同一家企业或者机构获得，他们之间可以建立合同关系。

任何人申请获得药品生产 / 销售许可的条件包括任命一名由药师担任的上市合规总负责人，遵守良好的质量规范（Good Quality Practice，GQP）和上市后安全性监测的良好的药物警戒规范（Good Vigilance Practice，GVP），药品生产 / 销售许可有效期 5 年，到期再注册。药品上市合规总负责人，质量保证部门负责 GQP 的负责人，安全管理部门负责 GVP 的负责人被称为生产 / 销售三人领导小组，是上市许可体系的核心[②]。

2. 境外申请人

在上市许可持有人制度试点期间，尚不涉及境外申请人的问题，但在未来《药品管理法》和《药品注册管理办法》修订后，境

---

① 日本的上市销售许可证与药品生产许可证均是一类药品的执照制度，分为以下 9 类：① 1 类药品生产 / 销售营业执照：处方药；② 2 类药品生产 / 销售营业执照：除处方药之外的药品；③ 3 类药品生产 / 销售营业执照：类药品；④ 化妆品生产 / 销售营业执照：化妆品；⑤ 1 类医疗器械生产 / 销售营业执照：特殊控制的医疗器械；⑥ 2 类生产 / 销售营业执照：受控制的医疗器械；⑦ 3 类医疗器械生产 / 销售营业执照：常规医疗器械；⑧ 体外诊断制剂生产 / 销售营业执照：体外诊断制剂；⑨ 细胞和组织产品生产 / 销售营业执照：细胞和组织产品。

② Pharmaceutical Administration and Regulations in Japan [EB/OL]. Japan Pharmaceutical Manufacturers Association,http://www.jpma.or.jp/english/parj/pdf/2017.pdf

外申请人如何管理呢？境外申请人是中国境内临床试验的实际责任人，如果其不在境内合法登记，如何监管呢？

《药品注册管理办法》规定境内申请人应当是在中国境内合法登记并能独立承担民事责任的机构，境外申请人应当是境外合法制药厂商。境外申请人办理进口药品注册，应当由其驻中国境内的办事机构或者由其委托的中国境内代理机构办理。

美国、欧盟和日本对境外申请人的要求各有特点，美国允许境外申请人提交申请，而欧盟则要求必须在欧盟境内设立企业，日本则对境内境外申请人发放许可证。

美国对申请人没有进行地域限制，境外申请人也可作为申请人和上市许可持有人，但是，必须指定美国境内代理人负责沟通、交流。在美国，境外申请人提交临床试验申请时，其境外申请人的代理人、代理机构或者其他授权正式签署人应在申请表中签字确认，并列明共签人的地址和电子邮件。申请由申请人与代理人共签，申请人承担临床试验责任，而共签人承担连带责任。与之对应，在提交上市申请时，境外申请人的代理人、代理机构或者其他授权正式签署人应当在申请表中作为共签人一同签字确认，与临床试验申请的要求类似。代理人所承担的职责为协助 FDA 与境外申请人进行沟通，协助 FDA 进行场地检查，当 FDA 不能及时或者直接联络到境外申请人，那么向申请人代理人发信息就相当于给境外企业发送信息。代理人要向 FDA 提交授权信表明获得某公司的授权。

在欧盟，境外生产商若希望药品到欧盟境内上市，可以在欧盟境内依法设立公司作为境内申请人，或者授权欧盟境内的进口商作为该药品的上市许可持有人。境外药品企业不能在欧盟境内指定代理人（Representative），但是，在欧盟境内的上市许可持有人可在欧盟各国指定代理人。代理人的指定非强制性，成员国的判例法规定，上市许可持有人在本行政区域内可以选择性指定本地代理人[①]。上市许可持有人应当对上市药品负责，代理人的指定也不能免除上市许可持有人的法律责任。

在日本，境外药品企业必须指定在境内获得销售同类医药产品许可证的机构作为其代理上市许可持有人，该代理上市许可持有人不具有药品技术财产权，代理上市许可持有人（D-MAH）在进行申报注册时，可以境外药品企业名义或者以代理上市许可持有人的名义进行。代理上市许可持有人应当采取措施防止已获得上市许可的药品在日本造成健康和卫生危害，且负责在日本的生产和销售。

📎 延伸阅读

美国上市申请时申请人（共签人）的承诺性声明

我同意根据新获得的药品安全性信息更新申请内容，信息包括可能影响标识草案中的禁忌证、警告、预防措施或者不良反应。

我同意按照法规和 FDA 要求提交安全性更新报告。

如果申请获得批准，我同意遵守所有相关法律和法规，包

---

① EMA.GUIDELINE ON THE PACKAGINGINFORMATION OF MEDICINAL PRODUCTSFOR HUMAN USE AUTHORISED BY THECOMMUNITY [S/OL] [2008–02].http://ec.europa.eu/health/files/eudralex/vol–2/2015–07_14_3_packaging.pdf

括但不限于以下内容：

1. GMP 法规，21CFR 210、211 或者其他适用部分，606 和 820。

2. 生物制品场地标准，21CFR 600。

3. 标识管理法规，21CFR 201, 606 ,660 和 809。

4. 处方药广告法规，21CFR 202。

5. 申请变更的法规，《联邦食品药品化妆品法》（FDCA）506A，21CFR 314.71，314.72，314.97，314.99 和 601.12。

6. 关于报告的法规，21CFR314.80，314.81，600.80，600.81

7. 本地、州、联邦的环境影响法律。

如果申请中的药品被 FDA 建议纳入《管制药品法》的监管范围，我同意在美国禁毒署作出最终规划决定前不上市销售该药品。

申请中的数据和信息已经尽我所能地认真审核，保证真实准确。

警告：蓄意虚假陈述属于 USC 18 第 1001 条款的犯罪行为。

来源：FORM FDA 356h（8/17）

3. 谁是上市许可持有人

上市许可持有人是最终获得药品批准证明文件的申请人，是对药品全生命周期承担责任的责任人。申请人与上市许可持有人的角色转换表面上看是从药品获得监管机构批准的那一刻开始的，而实质上可能蕴含于申请与审评的过程之中。从美国对申请人提交临床试验和上市许可申请的承诺中我们更容易理解，在申报临床试验阶段，申请人的义务性承诺仅仅局限于开展临床试验以及临床试验过程的动态风险控制方面，但在申报上市阶段，则附加了一系列的义务性承诺，包含生产管理、安全性更新报告、标识警示性内容更新、申请变更、广告、环境、保证数据真实准确等，这些是维持药品全生命周期安全性有效性的核心义务。

FDA 的监管愿景

无需过多的监管，制药行业就能最大限度高效、敏捷、灵活的运行，持续可靠地生产出高质量的药品。

——Janet Woodcock, M.D

这种承诺性声明的内容变化，更像是 FDA 对申请人的资格和能力提问，申请人你具备成为临床试验申请人的资格和能力吗？你具备作为上市许可申请人并成为上市许可持有人的资格和能力吗？你愿意承担相应的责任吗？这种无声的询问，将触动申请人的自我资质审核和判断，以及对未来成为上市许可持有人的能力和评估预期，无声的询问，自我的评估，最后可能表现为申请人到上市许可持有人的变化，体现在转让、收购、兼并、重组、产品授权和许可当中，最终的结果是谁能承担相应的义务，谁具备相应的能力，谁才能提出上市许可申请，谁才能成为上市许可持有人。

《国务院办公厅关于印发药品上市许可持有人制度试点方案的通知》（国办发〔2016〕41 号）规定，药品上市许可持有人应当具备药品质量安全责任承担能力；2017 年 10 月发布的《药品管理法修正案草案》征求意见稿中规定，药品上市许可持有人应当具备质量管理、风险防控、持续研究和责任赔偿等能力。应当看到，风险是药品管理的核心，责任是药品管理的要义。上市许可持有人最重要、最核心的能力是质量管理能力和风险防控能力。持续研究能力和责任赔偿能力，也是药品上市许可持有人能力的重要组成部分，但未必是申请人申请上市时必须具备的基本条件。

未来立法中更多强调的应当是主体的能力条件，而不是主体的身份差别。据了解，国外以自然人身份成为申请人或者上市许可持有人的事例确有存在，但为数极少。在责任能力的约束下，自然人成为上市许可持有人的可能性很小。因此，关注上市许可申请人的身份差别，还是关注上市许可申请人的能力条件，这是不同经济体制下的不同思维方式。经验表明：市场主体的规模和身份，并不完全等同于其经济能力和责任能力。

（二）从静态到动态的转变

申请人和上市许可持有人应当具备一定的基本条件，而这些基本条件应当在什么时间或者什么环节上具备，是一个非常重要的问题。客观来说，在申请临床试验、申请药品上市两个阶段，对申请人的要求应当是不同的。在这个过程中，申请人可能发生变化，申请人的能力也可能发生变化，在药品批准上市后，上市许可持有人的能力也可能发生变化。在某种意义上，上市许可持有人制度的设计应当体现在对申请人在不同申请阶段条件设定，以及承担义务和责任变化的灵活性方面，不能采取一刀切的设定模式。

从申请人提出上市许可申请到获得批准，再到开始生产，往往存在着一定的"时间差"，在这个"时间差"里，申请人、上市许可持有人可能根据市场变化，将申请资料或者上市许可证明文件转移给他人，也可能通过设立企业或者联合、重组等方式改变了自身的规模和身份。所以，研究和评判申请人、上市许可持有人的能力，应当充分考虑时间变化可能带来的影响。

所以，对申请人是否具备上市许可持有人条件和能力的考察，应当是动态的而非静态的。在申请药物临床试验阶段，申请人应当具备发起临床试验，监察临床试验进行，保证受试者安全和权益的能力；而在申请药品上市阶段，申请人则应当具备质量管理能力和风险防控能力，在上市后阶段，上市许可持有人应当具备持续研究和损害赔偿能力。

需要注意的是，申请人在申请药品上市时所具备的条件，与上市许可持有人应当具备的能力，并不是同一概念。将两者区分开来，有利于实现对上市许可持有人基本条件的灵活、动态、递进、经济地管理。试想申请人在提交申请时，证明自己具备了条件和能力，在审评时可以通过检查、检验、技术审评的方式发现申请人对药品安全性、有效性保证能力方面的瑕疵，仍然可能不批准药品上市。

如果在最初申请阶段就要求上市许可持有人具备所有能力，一方面，申请人有可能夸大这种能力，另一方面，则可能排除部分研发机构和科研人员成为上市许可持有人的可能性，同时也会造成社会资源的巨大浪费，这将背离药品上市许可持有人制度设计的初衷。

（三）从封闭到开放的转变

申请人申请上市许可，需要具备一定的条件和能力，承担必要的义务和责任。然而，这种条件和能力是必须来源于申请人自身的条件和能力，必须自己承担义务和责任，还是可以委托他人或者与他们合作承担，或者购买商业保险等方式分担责任风险，已逐步形成共识。在市场经济条件下，申请人、上市许可持有人完全可以通过利用社会资源或者购买专业服务的方式，弥补自身的条件和能力不足。

对于临床试验申请人，可以委托合同研究机构（CRO）开展一部分临床研究工作。以美国为例，发起人在提交临床试验时要说明是否委托 CRO 开展一部分临床研究工作，是否发起人的一部分责任转移给 CRO 来完成，如果是，则列明哪些义务责任发生转移。

对于上市许可申请人，对其能力判断则更应当有前瞻性。在某种程度上，申请人需要具备的最基本条件是知法懂法守法的基本素质，在申请时的承诺，实际上是对申请人应当具备基本条件的能力清单，对照清单由申请人自己判断自己是否适合作为申请人，能不能成为未来的上市许可持有人，这种方式更灵活，更符合上市许可持有人制度设计的初衷，即鼓励药物创新，优化资源配置，强化主体责任。

从总体上看，从申请人到上市许可持有人的身份转变，背后是申请人为具备上市许可持有人能力和承担义务和责任，而"强身健体""资源整合""持续改进"的过程，质量管理能力、风险防控能力、责任赔偿能力应当为上市许可持有人自身具备，但其中部分能力，也可以由上市许可持有人借助他人的资源和力量来实现。应当坚持市场经济的平等观、动态观和开放观，按照有利于充分解放和发展生产力，有利于充分利用社会资源，有利于充分释放制度红利的要求，科学设定药品上市许可持有人的基本条件，使药品上市许可持有人制度在新时代里最大限度地充满鼓励创新创业的张力和魅力。

此外，应当注意处理好特殊与一般的关系。

对于生物制品、血液制品、麻精等特殊管理的药品是否可以实施上市许可持有人制度，存在不同的观点，一种观点认为，生物制品、血液制品和特殊管理药品属于高风险药品，生产场地的变化，上市许可持有人的变化会带来较大的风险，不利于实施。而另一种观点则认为，从鼓励创新和优化资源配置的角度看，高风险药品可以实施特殊限制的上市许可持有人制度，在设定持有人条件和委托生产方式上予以特殊限制，依然把强化上市许可持有人全生命周期的质量保证责任作为重点。以美国为例，生物制品许可（BLA）申请（含血液制品申请）中，申请人应当是生产商，包括任何参与生产的法人、实体，以及负责确保产品和生产场地符合标准的法人、实体。这与普通新药申请和仿制药申请人的条件限制明显不同，个人、研发机构显然不能成为生物制品申请人。生物制品申请人或者上市许可持有人可以委托生产，也可以分散场地生产，或者与其他企业合作分段生产[①]。

二、申请人与上市许可持有人变更

（一）临床试验申请人的变更

临床试验申请人是发起临床试验的人，通常情况下，其实质

[①] FDA. Guidance for Industry: Cooperative Manufacturing Arrangements for Licensed Biologics [EB/OL].[2008-11].https://www.fda.gov/downloads/BiologicsBloodVaccines/GuidanceComplianceRegulatoryInformation/Guidances/General/UCM590118.pdf

性支持了临床试验的开展，这种实质性支持主要表现为资金投入方面。在我国，临床试验阶段申请人（发起人）是否允许变更没有明确的规定。

《药品注册管理办法》（2017 年修订稿征求意见稿）第六十八条规定，药物临床试验变更，指药物临床试验申请通过审评审批后，涉及申请人信息、药物临床试验方案以及有关药物安全性、有效性和质量标准以及临床和非临床研究等方面信息的变更等。分为重大变更和一般变更，重大变更申请经过默示许可程序办理，一般变更在年度报告中提交。对于申请人信息变更属于何种变更未作明确，但可以推测应属于重大变更，即采用默示许可程序进行管理。

在研究美国的法规发现，并未规定临床试验阶段申请人变更的条款，实际上，临床试验申请人变更随着申请提交而自然发生。在美国，临床试验申请可以分阶段提交，在每次提交临床试验申请时，均要如实填报申请人信息（名称、地址、联系方式等），法规中并未规定申请人必须是同一个人，那么如何判断不同申请人所提交的不同临床试验阶段的申请是针对同一个药品的呢？在 CFR 312.23 规定，申请人提交的临床试验申请表中要与初始临床试验申请编码相关联，这样的规定使申请人提交的不同临床试验申请相互关联。如果临床试验过程中发生兼并、收购、重组、继承、技术转让，在下一阶段申请中由不同的申请人提交临床试验申请即可。可以想象，多数情况下，临床试验阶段申请人不会发生变化，申请人变化主要发生在临床试验结束后提交上市申请阶段。

如果提交上市申请的申请人不是临床试验申请的发起人，则上市申请人要提交该申请人或前任利益相关者（Predecessor in

Interest）已经提供的实质性支持该临床研究的证明。为了证明"实质性的支持"，必须提供来自于注册会计师的验资声明，证明该申请人提供了50%（含）以上的临床试验费用，如果该申请人对该临床研究的资金贡献低于50%或者没有发起该新药临床研究，要为此提供解释，以便FDA确认该申请人已经进行或发起该次临床研究。例如，前任利益相关者是申请人已经接管、并购或者收购的公司，或者申请人已经购买了该药品财产权的公司。

（二）上市许可的转让与变更

在药品上市申请过程中，技术转让（申请人或持有人变更）的实质是一种商业性活动，转让是否需要审批取决于监管机构对于申请人或持有人变更是否会影响承担义务和责任的判断，最终体现为对这种变更实行审批还是备案管理。

上市许可持有人变更是将上市许可由原上市许可持有人转让给一名新的、不同的人或者法律实体。转让上市许可一般是企业的商业决定，企业的兼并、收购活动常伴随上市许可的转让。决定药品安全性有效性的要素在上市许可批准时已经确定，这些要素包括生产场地、设备、处方工艺、质量控制方法等。上市许可持有人对药品的质量安全负责，承担药品质量保证、不良反应报告、药品供应链追溯、缺陷产品召回等义务。药品上市许可转让不涉及任何前述的决定药品安全性有效性的要素变更，转让的实质是上市许可持有人的技术财产权发生变化，同时伴随着义务和责任的转移。

美欧日相关法律法规均规定上市申请均可在上市许可获得批准

后进行转让。进行上市许可转让时，美国要求转让双方向 FDA 提交信息，欧盟对转让申请进行审批，日本要求受让方向药品监管机构提交转让通知。获得技术的新上市许可持有人在原有批准许可的条件下上市的产品，与原上市许可持有人上市的产品应当保持质量和疗效一致。美国 FDA、欧盟 EMA 和日本 MHLW 均不对上市许可转让进行复杂的审批，仅欧盟实行较为快速的审批，更多的将许可转让视为一种市场行为的确认，监管部门关注的是转让生效的时间、是否进行完整技术资料的移交及上市许可持有人义务和责任的交接。

我国药品技术转让与国外上市申请财产权变更有相同点，也有一定的差异。相同点是都表现为申请人或者上市许可持有人发生变化，差异在于上市申请财产权变更可能由于多种原因，包括兼并、收购、重组、继承、技术转让等，而药品技术转让仅仅是全部技术的转移。此外，上市许可持有人变更导致的申请财产权变更有可能是有期限的授权，到期可以再次变更回原持有人，而技术转让通常是永久性授权。

严格意义上说，兼并、收购、重组、继承、技术转让是市场主体的商业活动，不需要政府的行政干预。如果说我国的药品技术转让审批的关注点是技术财产权与上市许可的捆绑式转让，这种转让受到各种条件限制，受让方只能是生产企业，那么，申请财产权变更则更关注申请人与上市许可持有人权利、义务和责任的转移，从监管机构角度看，重要的是掌握新的上市许可持有人是谁？转让何时生效？新旧上市许可持有人的义务和责任是否顺利完成交接。

（三）上市许可财产权变更程序

国家食品药品监管局关于印发《药品技术转让注册管理规定》的通知（国食药监注〔2009〕518号）规定，无论是新药技术转让还是药品生产技术转让，转让方与受让方应当签订转让合同。该文件主要针对的是药品批准上市后的技术转让规定。技术转让审批为药品注册补充申请事项，按照《药品注册管理办法》（2007）的规定，补充申请技术审评时限为40天。

《药品注册管理办法》（2017年修订稿征求意见稿）第六十八条规定，药物临床试验变更，指药物临床试验申请通过审评审批后，涉及申请人信息、药物临床试验方案以及有关药物安全性、有效性和质量的药学以及临床和非临床研究等方面信息的变更等。分为重大变更和一般变更，重大变更申请经过默示许可程序办理，一般变更在年度报告中提交。对于申请人信息变更属于何种变更未作明确，但可以推测应属于重大变更。

为了充分发挥上市许可持有人制度的优势，鼓励创新，优化资源配置，设置灵活的申请人和上市许可持有人变更程序显得十分重要，在允许技术转让、收购、兼并、重组等原因的申请财产权变更的同时，保证申请人和上市许可持有人的权利和义务平稳交接和转移，保证药品全生命周期的安全性有效性义务不落空。

在申请人和持有人变更申请过程中，药品监管机构应该关注什么？我认为应该关注的是变更生效时间与技术资料是否全部转移。

美国和欧盟均要求材料中包括转让的具体生效时间或者受让方

可以实际承担所有责任的日期，新上市许可持有人承担原上市许可持有人责任的承诺以及药品相关技术资料转交情况。

日本虽未规定转让通知的内容，但法规中明确了数据及材料的转移时间即为受让人成为新上市许可持有人的时间，也可以将其理解为新上市许可持有人承担责任的起始时间。这些规定体现了上市许可转让的实质，即许可财产权转移，同时伴随义务和责任的转移。

📎 **延伸阅读**

美欧上市许可持有人变更

在美国上市许可持有人变更不需经过FDA审批，原来的与新的上市许可持有人向FDA提交有关转让生效时间、义务及权利变更承诺、药品相关资料转移声明等信息，经过通知程序完成变更。对生物制品申请财产权变更采取审批程序。

欧盟法规规定对上市许可转让实行审批制，原上市许可持有人应当向EMA递交申请及转让方和受让方双方签名文件，受让方应当提供承诺及证明，表明其能够履行所有欧盟药品法律规定的上市许可持有人应当承担责任的能力，特别列明药物警戒授权人、质量缺陷及产品召回人员、科学服务部门（Scientific Service）、受让方和EMA之间沟通的人员或者公司的联系方式。受让方还可以提供有其签名的担保书（但不必须），对后续措施或者特定义务进行说明和担保。

EMA 在收到转让申请后的 30 天内给出意见。上市许可转让只能发生在上市许可批准后。如果转让发生在申请过程中，原申请人应当与 EMA 联系沟通。

日本《药事法》及《药事法实施规则》规定，受让人成为新上市许可持有人的时间是所有数据等资料转移的时间。以继承形式转让时，受让方应当在转让之后通知厚生劳动省；以其他形式转让时，受让方应当在转让之前通知厚生劳动省。

（四）伴随变更的上市许可转让

上市许可转让的情形多种多样，往往伴随生产场地、设施、工艺等的变更。

对于上市许可转让伴随其他要素的变更，新申请上市许可持有人应当依法向监管机构提交已批准申请中任何情况的变更。

对于由上市许可转让引起的生产商或生产场地变更，上市许可持有人应该分别提交上市许可持有人变更申请和场地变更申请。在欧盟，对于因为上市许可转让导致药物警戒授权人（QPPV）改变时，可以作为上市许可持有人变更申请的一部分，不需要单独变更。

对于药品名称的更改，如果该药品的名称由国际非专利名称（INN）或者通用名称加上市许可持有人名称组成，则可以在上市许可持有人变更申请的同时更改药品名称，使药品新名称中带有新上市许可持有人名称。除该情况之外的药品名称的更改，应当与许可持有人变更分别进行。

---◈≈ 要点回顾 ≈◈---

药品监管机构的技术审评过程，也是确认申请人、上市许可持有人是否具备保证患者安全和权益或者保证药品全生命周期安全性有效性的资质、条件和能力的过程。

申请人和上市许可持有人的条件并不取决于其身份、地位，而是取决于其是否具有相应的资质或者能力。

临床试验"发起人"不一定就是上市"申请人"。

在我国上市许可持有人试点期间，持有人资格依申请获得。日本采用对上市许可持有人颁发许可证的方式，美国允许境外申请人提交申请，而欧盟则要求必须在欧盟境内设立企业，日本则对境内境外申请人发放许可证。

上市许可持有人是最终获得药品批准证明文件的申请人，是对药品全生命周期承担责任的责任人。申请人与上市许可持有人的角色转换表面上看是从药品获得监管机构批准的那一刻开始的，而实质上可能蕴含于申请与审评的过程之中。

对于生物制品、血液制品、麻精等特殊管理的药品是否可以实施上市许可持有人制度，存在不同的观点。理论上，可以在设定持有人条件和委托生产方式上予以特殊限制，依然把强化上市许可持有人全生命周期质量责任作为重点。

上市许可有人制度的优势之一是利于优化资源配置，具体体现在委托生产和申请财产权变更的灵活性和规范性方面。申请的财产权有变更程序设计应便于兼并、收购、重组、继承、技术转让在临床试验和上市申请阶段，以及上市后阶段的顺利实施。

第四章

外包合作

质量就是在没有监督的情况下依
然做正确的事。

——（美）亨利·福特

一、外包合作与责任

当今世界，外包已成为一种成熟的医药研发和生产合作模式。上市许可持有人制度下，医药外包中哪些合作关系中的责任分担与转移应当予以关注，如何使外包模式下的药品研发、生产等活动能够在保证药品安全、有效和质量稳定的情况下有序进行，是值得深入思考的问题。

在竞争激烈、高投入、高风险的制药行业，成本控制和效率提升是企业生存发展需要考虑的战略问题。在这样的环境下，企业强调专业分工、集中资源在自身核心业务的趋势逐渐明朗起来，在药物研发、生产等各个环节均在寻找专业的外包服务公司提供相应支持。

哈佛大学教授迈克尔·波特在 1985 年提出了价值链理论，认为企业制造价值的过程可以分解为一系列互不相同但又相互关联的增值活动，形成价值链[①]。利润可以在价值链的各个环节中产生。医药产业的复杂性导致单个企业只能占据整个产品或者服务链中的一个或者几个环节。为了创造并保护核心业务的竞争优势，将自己不具有优势或者非核心的一些价值增值环节剥离出来，外包给专业团队完成，从而降低成本、提高效率、增强企业应变能力。

现在，在新药研发数量不多的情况下，企业如果面面俱到，设置各种岗位，必然提高研发成本，外包可以降低研发成本和企业自

---

① 迈克尔·波特. 竞争优势 [M]. 北京：华夏出版社，2005.

身的管理费用。生产过程需要大量的资金投入在设备、人员和设施管理上。据估计，生产过程大体需要一个传统制药企业投入其全部销售收入的23%。外包生产可以使企业避免或者减少这些成本，重新分配这些资金、资源和人员在其他公司业务上。尤其是对于那些技术丰富但资金薄弱的创业公司、小中型企业来说，外包生产乃是生存之道。

按服务阶段的不同，医药外包企业一般分为医药研发外包 CRO 企业和医药合同加工外包 CMO 企业。医药 CRO（Contract Research Organization）企业侧重于早期研发，临床前研究如药代动力学、药理毒理学和动物模型等，以及各类临床试验服务，是通过合同形式为客户提供新药临床研究服务的专业公司。医药 CMO（Contract Manufacture Organization）企业即合同加工外包，主要是接受制药公司的委托，提供产品生产时所需要的工艺开发、配方开发、临床试验用药生产、原料药生产、中间体制造、制剂生产以及包装等服务。CMO 不一定是专门从事委托加工的企业，传统制药企业通常也接受委托加工服务。

全球药品 CMO 和 CRO 市场规模预计在 2025 年达到 2383 亿美元。北美 CRO 市场是全球第一，占全球市场的 43.4%，大型制药公司和巨大的研发产品线聚集于此，亚太 CRO 市场位居全球第二，占 29%。按 CRO 服务类别划分药物发现、临床前研究、Ⅰ期临床、Ⅱ期临床、Ⅲ期临床、Ⅳ期临床等，2017 年，药物发现阶段的 CRO 服务是最主要的外包服务模式，占 CRO 服务市场的 33.5%[①]。

---

① Marketwatch.Contract Research Organizations Global Market Report 2018.

上市许可持有人作为责任主体，如果采用外包合作的方式，其哪些外包活动应当纳入监管机构的视野，哪些外包工作同时包含责任的转移？哪些外包合作关系会影响到申请人和上市许可持有人的法律责任承担，如何保证在外包合作模式下的数据完整性、可靠性和可追溯性，下面将做深入分析。

二、研发外包与责任转移

（一）只外包研发不转移责任

我国《药品注册管理办法》《药物临床试验质量管理规范》等规章中允许外包研发，但不允许责任转移。这种管理模式的主要特点是规定申请人和上市许可持有人承担全部法律责任，CRO 承担外包合同中约定的研发活动，但 CRO 的违法行为由申请人或者上市许可持有人承担法律责任，或者说法律中不规定 CRO 的法律责任，仅规定申请人和上市许可持有人对 CRO 承担监督责任，且规定申请人和上市许可持有人承担的最终法律责任。

对于临床前研究外包合作，通常不转移法律责任。在申报临床试验阶段，申报资料中除了包括研究人员手册、试验方案、化学制造控制资料（CMC）外，还包括药理学、毒理学研究资料，具体包含药理和毒理结果、相关试验人员的身份和资历情况，同时说明研究实施地点以及供检查档案的存放地点。这些资料无论是否采用合同外包方式，监管机构均要掌握具体研究的实施地点和档案的保存地点，以备日后核查。监管机构对申报资料中研究实施地点和档案存放地点的要求是有选择性的，不是对所有的临床前研究均有相同的要求。由于动物试验和体外药理和毒理研究获得的药理学和毒理学资料是确保人体试验安全进行的基础，动物试验或者体外研究的种类、持续时间及范围决定了临床试验的持续时间和性质。因此，将药理和毒理研究实施地点和档案存放地点纳入申请资料要求，是为日后对非临床研究的 GLP 实验室开展检查做准备。

《药品注册管理办法》规定申请人委托其他机构进行药物研究或者进行单项试验、检测、样品的试制等的，应当与被委托方签订合同，并在申请注册时予以说明。申请人对申报资料中的药物研究数据的真实性负责。该办法还规定了组织对药物研制情况及原始资料进行现场核查，对申报资料进行初步审查，提出审查意见。从某种意义上说，对研制数据和资料的现场核查像是一种常规性检查，是初审环节必须进行的程序。中共中央办公厅、国务院办公厅《关于深化审评审批制度改革鼓励药品医疗器械创新的意见》已经明确临床试验改为"默示许可"程序，即在受理临床试验申请后一定期限内（60 天），食品药品监管部门未给出否定或者质疑意见即视为同意，注册申请人可按照提交的方案开展临床试验。在临床试验由"行政审批"改为"默示许可"模式下，审评时间将大大缩短，是否开展检查？有无必要开展检查？从国际经验看，不必开展常规性现场检查，可以通过审评回复函提出质疑，由发起人提供相关证据并回应质疑，多数情况下，对数据的真实性可靠性质疑争议可以在与发起人的沟通中得到解决。

从临床前研究来看，很多研究项目都可以外包进行，但监管机构仅关注药理毒理研究试验人员、实施地点信息和档案存放地点信息是有特定考虑的，可以理解为无论试验由谁进行，在哪里进行，申请人的责任并未发生转移，仍然承担全部责任。

　　而对于临床试验阶段的外包，是否允许责任转移则有不同的法律规定。从我国 GCP 的要求看，发起人可以委托 CRO 临床研究工作，但不转移研究责任，最终责任仍由发起人承担。《药物临床试验质量管理规范》（GCP）（2016 年 12 月征求意见稿）规定，申办者（即发起人）可以将其临床试验的部分或者全部工作和任务委托给 CRO，但申办者仍然是临床试验数据质量和可靠性的最终责任人，应当监督 CRO 承担的各项工作。CRO 应当建立临床试验质量保证体系并实施质量保证和质量控制。申办者委托给 CRO 的工作，应当签订合同。CRO 如存在任务转包，应当获得申办者的书面批准。未明确委托给 CRO 的工作和任务，其职责仍由申办者负责。

延伸阅读

申请人、药物临床试验机构和合同研究组织的责任

　　申请人是药品注册的申请者和权利人，必须保证注册申请中临床试验数据的真实、完整和规范，监督临床试验项目的实施，对所报申请资料及相关试验数据可靠性承担法律责任。

　　研究者受申请人委托具体实施临床试验项目，必须保证试验行为符合 GCP 规定，保证试验数据真实、完整、规范及可溯源，对临床试验数据真实性、完整性、规范性承担直接法律责任。临床试验机构是药物临床试验项目直接管理者，对临床

试验数据的真实性、完整性和规范性负有管理监督责任。

临床试验合同研究组织受申请人委托，承担临床试验相关工作，对临床试验数据真实性、完整性、规范性承担法律及合同约定的责任；对其出具的相关报告和数据承担直接法律责任。

总局关于药物临床试验数据核查有关问题处理意见的公告（2017 年第 63 号）

（二）外包研发同时转移部分或者全部责任

临床试验阶段的外包也可以采用外包同时转移部分或者全部责任的情形。临床试验是药品上市审评中最特殊的一个环节，临床试验是新药研究过程中耗时最长（平均 6~7 年）、成本最高（约占总费用 67%）、风险最大的阶段。进入临床试验阶段的药物只有不到 12%的药物最终被批准上市。相对于新药不确定性较强的研发特点，仿制药研发建立在与原研药一致基础上，临床研究阶段安全风险较小。创新药临床试验管理制度的目标是以最大限度优先满足患者严重疾病治疗需求为导向，保证受试者参与临床试验过程中的安全和权利，并确保申请人在临床试验过程中获得可靠的完整的药品安全性、有效性、治疗可控性的数据，以供监管机构审评或者评价。而仿制药临床研究（如 BE 试验）管理的目标是保证受试者安全和权利，并确保申请人提供可靠的用于评价与参比药品一致性的有效性数据。

临床试验过程中发起人与 CRO 的合作非常广泛，涵盖整个产品临床研发过程的各个环节，包括临床研究项目的早期策略形成阶段、临床研究方案制定、项目管理、临床监查、数据管理，统计和研究中心管理等。临床试验过程中哪些合同外包应当纳入监管机构的视野，哪些研究工作或者责任可以转移给 CRO？

《美国联邦法规》（CFR）规定，发起人的主要职责是选择合格的研究人员，并为其提供准确的研究信息，对研究项目进行适当监察，确保按照 IND 申请中的总研究计划和试验方案进行，及时通知 FDA 和所有参与研究人员重大药物不良反应或者风险。发起人可以委托 CRO 研究工作，同时也可以转移部分法律责任。CRO 即作为与研究发起人签订合同的独立承包人，可以承担发起人的一项或者多项职责，例如研究计划设计、选择研究者或者监察员、评估报告以及准备向 FDA 提交的相关资料等。发起人可以将临床试验的部分或者全部职责通过合同约定方式转移给 CRO。上述职责转移应当采用书面形式说明。书面说明未涉及的任何职责均被视为没有转交。接受转移责任的 CRO 如出现不合规，FDA 可以对其进行处罚。但是，医疗器械临床研究 CRO 只委托研究工作，不转移法律责任。

美国建立了针对生物研究监察项目计划（BIMO），针对发起人 /CROs/ 监察员、伦理委员会（IRB）、临床研究人员（PI）、非临床试验室（GLP）和生物等效性进行检查。对于所有上述关键责任主体，FDA 针对检查中发现的一般问题会发警告信，严重问题会采取执法行动和司法程序，采取的措施包括：①剔除不真实、有质量问题的数据（可能导致剩余数据不充分，停止后续审评）；②限制或者排除有不当行为或者有违法行为的试验参与方或者参与人员，包括 IRB、CRO、监察员或者研究者；③通知受影响的各方迅速采取纠正行动 [1]。

---

[1]　Misconduct in Research–Innocent Ignorance or Malicious Malfeasance.http://www.fda.gov/downloads/aboutfda/centersoffices/officeofmedicalproductsandtobacco/cder/ucm196495.pdf.

临床试验发起人提交给 FDA 的申请资料中如果出现重大事实虚假陈述、申报资料造假，提交资料完整性出现模式化的错误或者系统性的失误，将依据情节分别给予如下处罚：遵循数据完整性要求，排除不合规数据或者延迟批准上市申请；违法情节严重涉嫌犯罪的可启动诉讼程序，如以虚假声明罪、共谋罪、邮件欺诈罪起诉；申请人、CRO、PI 和 IRB 等将被处以禁令（即资格罚，包括有期禁令或者永久性禁业），FDA 不会审评仍处于资格罚或禁令期内的发起人提交的任何申请。

临床研究中申请人向 CRO 外包研发的同时转移部分和全部责任实质是建立一种新型制约机制，临床试验过程中参与者众多，分工复杂，如果仅仅关注申请人和上市许可持有人，虽然可以发现违法，但无法对参与者的不合规行为予以处罚，也不利于将外包服务的实际违法者剔除在临床试验研究行业之外。因此，建立外包研发，同时外包责任的模式可以强化 CRO 及其他临床研究参与者的责任意识，提高临床研究过程合规性，也可以完善临床试验违法行为的双重责任追究机制，从而提高临床试验的监管水平。

三、自行生产、外包生产与责任分担

（一）药品生产企业管理的两种模式

可以预期，在全面实施上市许可持有人制度后，无论境内生产药品还是境外生产药品均按相同的标准进行审评和监管。2016 年3 月国家食品药品监督管理总局发布化学药品注册分类改革工作方案，将1类新药界定为"境内外均未上市的创新药"，即"全球新"，意味着无论药品生产是在哪个国家或者地区，到中国来上市都实行上市许可持有人制度。在全球化研发、全球化生产的大背景下，上市许可持有人与生产企业的关系变得比以往更为复杂，上市许可持有人可能把生产场地布局在不同的国家和地区，分散生产场地，也可以把生产的部分环节或者全部外包完成。从国际经验看，对药品生产企业的管理有两种管理模式，一种是颁发药品生产许可，一种是进行场地经营者备案管理，两种管理模式的目标都是确保生产过程符合GMP，落实药品生产质量保证的责任人。监管机构通过对实际生产场地进行现场检查确认企业合规性，并对生产场地检查中发现的不合规行为采取相应的行政措施，由生产场地的经营者或者所有者承担相应的法律责任，而生产场地的不合规行为也将直接影响药品上市许可的有效性。

1. 药品生产企业许可管理模式

《药品管理法》规定，开办药品生产企业，须经企业所在地省、自治区、直辖市人民政府药品监督管理部门批准并发给《药品生产许可证》。无《药品生产许可证》的，不得生产药品。药品生产企业必须按照GMP的要求组织生产。药品监督管理部门按照规定对药品生产企业是否符合《药品生产质量管理规范》的要求进行认证；对认证合格的，发给认证证书。对于境外生产药品进口我国的，法律中仅规定了进口药品代理商的职责，并未规定颁发生产许可。2012年国家食品药品监督管理局起草发布《境外药品生产企业检查管理办法》（征求意见稿）面向社会公开征求意见，2017年国家食品药品监督管理总局发布《药品境外检查规定》（征求意见稿）

并面向社会公开征求意见，正式文件尚未出台。国家食品药品监督管理总局审核查验中心已经组织开展境外生产现场检查工作，33 个品种被纳入为 2018 年度进口药品境外生产现场检查[①]。

欧盟指令规定，对生产商、受托生产商、第三国进口药品生产商（Importer）均颁发生产许可。申请人提交上市许可时，必须提交生产商信息，包括受托生产商信息，生产商必须在欧盟境内注册，并获得成员国颁发的生产许可。2001/83/EC 指令规定，成员国应采取一切可行的措施，确保辖区内药品生产在持有生产许可（Manufacturing Authorization）的条件下进行。即使生产的药品用于出口，也同样要求获得生产许可。全部和部分生产及分装、包装和外观改变的各种操作，均需获得生产许可。药品拟从第三国进口，即从欧洲经济区（EEA）以外的国家进口并提供给 EEA 内任何一个国家，其进口商必须获得成员国监管机构颁发的生产许可，且确保第三国生产商符合欧盟的 GMP[②]。获得生产许可的生产商的基本条件是遵循 GMP 和 GDP，任命至少一个质量受权人（Qualified Person）负责每批药品的放行工作。获得生产许可的生产商必须接受 GMP 检查。

日本监管机构对药品、类药品、化妆品生产企业颁发 5 种类型的生产许可（Manufacturing Business License）[③]，有效期 5 年，到期换发

---

① 国家食品药品监督管理总局 . 关于启动 2018 年药品境外生产现场检查有关事宜的通知 [EB/OL]. http://www.sohu.com/a/212740357_692908.

② EMA.Apply for manufacturer or wholesaler of medicines licences.[S/OL] https://www.gov.uk/apply-for-manufacturer-or-wholesaler-of-medicines-licences.

③ 5 种类型的生产许可包括：生物制品、放射性产品、无菌产品、一般类别产品、包装、标识和储存 . Pharmaceutical Administration and Regulations in Japan. Japan Pharmaceutical Manufacturers Association，http://www.jpma.or.jp/english/parj/pdf/2017.pdf

许可证，并符合日本 cGMP 规定的要求，厚生劳动省（MHLW）对生产企业进行 GMP 检查。此外，仅生产原料药（Drug Substances）的境外生产商也需要获得认证。获得生产许可不一定能成为上市许可持有人，只有获得生产 / 销售许可的才有资格提交药品上市申请。

境外生产商生产药品到日本境内上市销售必须获得认证，认证标准与境内生产企业许可要求相同，必须通过 GMP 现场检查方可获得认证。申请人提交上市申请时一并提交认证申请，未获得境外生产商认证，不能批准上市许可。境外生产商不能单独提交上市申请，其必须任命一个日本境内的生产 / 销售许可证上市许可持有人作为代理上市许可持有人（Marketing Approval Holder）提交上市申请，并采取措施避免药品损害的发生，并负责在日本生产和销售药品。

日本法律允许持有药品生产 / 销售许可的上市许可持有人委托任何一家获得生产许可的企业生产药品，但药品的质量、不良反应监测等一切责任都由上市许可持有人负责，接受委托的生产企业只对生产负责，必须完全按照委托人要求的工艺条件和质量标准进行生产。

2. 生产场地及其经营者备案模式

除了给药品生产企业颁发许可的模式以外，还有一种是以美国为代表的生产场地及所有者登记的模式，相当于我国的备案管理。备案模式不仅能让生产场地及其所有者和经营者纳入监管机构的视野，也把境外生产场地及其代理人纳入监管机构的视野，对备案信息实行定期更新和动态更新相结合的管理，对备案信息的真实性、准确性、有效性要求更高。

需要特别强调的是，美国的信息备案在药品监管实践中广泛采用，凡是FDA认为对后续监管必要的信息均纳入依法备案范围，但备案信息并非代表备案者资质合法，其合法性的状态判定将由未来监督检查和执法行动等进行动态合法合规的状态判断，并对公众公开检查和执法行动的结果。

在上市许可持有人制度中，药品在什么场地生产应当在何时纳入监管机构的视野？生产场地及其经营者或者所有者应当备案哪些信息，血液制品等特殊管理药品和高风险药品备案信息有何特殊要求，何时更新都应当有详细明确的规定。

与实现许可目标相关的替代手段包括信息登记、备案制度，但放松准入条件的同时，应加强信息登记准确性的要求。

——Severin Borenstein

在我国，实施上市许可持有人制度以后，对境内和境外的药品和原料药生产企业如何监管呢？作者认为，对境内企业继续采取颁发生产许可证模式，同时对境内和境外企业建立药品生产场地登记制度是可行的、有效的制度选择，也是建立药品供应链追溯体系的需要。药品（含原料药）场地登记制度是加强过程控制的关键环节，使药品整个供应链的实际参与者进入药品监管机构的视野，便于在批准前阶段和上市后阶段开展现场检查，根据检查结果发布警告信，必要时将违法情节严重的场地剔除，禁止其生产加工的产品上市和进口。对于原料药来说，生产场地被剔除意味着制剂失去供应商，制剂企业可以依法申请变更供应商，更换供应商所带来的变更风险将由制剂企业承担，制剂上市许可有效性可能因此而受到直接影响。

（二）质量协议约定双方质量责任

1. 质量协议与商业合同

质量协议是药品委托生产关系所涉各方主体之间全面的书面协议，其中约定各方如何在符合 GMP 情况下进行的生产活动。首先，质量协议应当清楚规定由哪一方（委托方或者受托方或者双方）负责哪些具体的 GMP 活动。其次协议内容还应当包括法律法规中涉及 GMP 活动的内容。质量协议应当由各方质量部门代表和其他利益相关者共同起草。

质量协议并非商业合同，在外包生产过程中，质量协议和商业合同不应混淆，应当分别签订，以便于监管机构审评和检查。在上市许可持有人与外包生产企业合作时，保证委托生产药品质量是双方的共同责任。国务院办公厅《关于印发药品上市许可持有人制度试点方案》的通知（国办发〔2016〕41 号）规定，上市许可持有人应当与受托生产企业签订书面合同以及质量协议，约定双方的权利、义务与责任。

📎 延伸阅读

2016 年 11 月美国 FDA 发布的《药品合同生产：质量协议指南》（简称《药品质量协议指南》，详见本书附录）指出质量协议不包括一般的商业条款和条件，如保密、价格和成本、交

货、有限责任或者损坏赔偿等内容应当商业合同中约定。FDA
建议质量协议单独签订，或者至少与商业合同分开签订（如主
服务协议或者供应协议），以便FDA在检查期间审核质量协议。

2014年10月1日起开始实施的《药品委托生产监督管理规定》
（国家食品药品监督管理总局2014年第36号公告）明确药品委托
生产是指，药品生产企业（以下称"委托方"）在因技术改造暂不
具备生产条件和能力或者产能不足暂不能保障市场供应的情况下，
将其持有药品批准文号的药品委托其他药品生产企业（以下称"受
托方"）全部生产的行为，不包括部分工序的委托加工行为。目前，
我国药品委托生产只能发生在取得药品批准文号后，上市许可持有
人制度全面实施后，委托行为可以发生在两个阶段，即申请上市许
可时和上市许可获批后，申请上市许可时的合同生产可视为上市许
可申请的一部分，而上市许可获批后的合同生产，则按上市许可变
更进行管理 ①，基于风险或者变更对药品质量产生的影响划分为微
小变更、中等变更和重大变更三种类型，按照不同的变更程序进行
管理。

2. 协议双方均履行 GMP 法定义务

在合同生产过程中，签订质量协议的目的是界定各方的生产活
动及其相关责任，以确保符合 GMP 相关要求。符合 GMP 是委托方
和受托方的法定义务，不能通过质量协议免除任何一方的这一义务。

---

① FDA. Guidance for Industry Changes to an Approved NDA or ANDA–Questions and Answers
[EB/OL] [2001–1].http://www.fda.gov/downloads/Drugs/GuidanceComplianceRegulatoryInformation/
Guidances/UCM122871.pdf.

现行《药品管理法》(2015年修正)规定了生产企业的法定义务和法律责任，主要包括第四十八条和第四十九条规定禁止生产销售假药和劣药，第七十三条、第七十四条规定生产销售假药劣药的法律责任。第七十八条规定，药品的生产企业未按照规定实施《药品生产质量管理规范》……，给予警告，责令限期改正；逾期不改正的，责令停产、停业整顿，并处五千元以上二万元以下的罚款；情节严重的，吊销《药品生产许可证》《药品经营许可证》和药物临床试验机构的资格。在上市许可持有人制度全面实施后，相关条款应当进行相应的修改，将上述义务和责任扩展至上市许可持有人。

药品上市许可制度下，上市许可持有人可以是生产企业或者科研单位，委托方也可以是生产企业或者科研单位。合同生产可以提高药品生产的速度和效率，受托方为药品生产提供专业化技术服务，有助于扩大产能。由于药品生产过程由许多分散的生产操作和活动构成，因此，药品生产活动可以进行全部或者部分委托。

在双方签署质量协议时，可以参考相关法律法规的要求，以及ICH Q7《原料药GMP指南》、Q9《质量风险管理指南》、Q10《药品质量体系指南》有关合同生产的相关要求。

延伸阅读

美国的《药品质量协议指南》规定，药品上市许可持有人可以独自完成所有生产操作和活动，也可以委托一个或者多个受托方完成整个或者部分生产操作和活动。可以委托的生产环节具体包括但不限于以下过程：药品配制、灌装、化学合成、细胞培养和发酵（含生物制品）、分析检测及其他实验室服务、包装及贴标签、灭菌和最终灭菌等。参与药品生产的各方均有责任确保其所完成的生产活动符合 cGMP 要求。对于实施生产操作的上市许可持有人和受托方而言，cGMP 既包括对药品生产的监测和控制，以确保药品质量，也包括对生产中所用原辅料的风险管理，以确保其安全性。FDCA 规定，不符合 cGMP 的情况下生产出的药品是掺假药，禁止生产销售掺假药。

3. 产品放行权

为确保药品上市许可持有人全生命周期质量保证义务的履行，上市许可持有人应当负责最终产品的放行，这项义务不应该委托给受托方，同时，受托生产企业也应有自己的放行人员负责药品的出厂放行。目前,《国务院办公厅关于印发药品上市许可持有人制度试点方案的通知》（国办发〔2016〕41 号）并未明确放行权的问题，未来的《药品管理法》和相关法规设定中应予以明确。美国和欧盟法律法规对产品放行权的规定对我国有较大的参考意义。

美国的法规明确要求受托方应当负责放行经其操作后的产品，上市许可持有人应当负责放行最终上市的产品，且最终放行权不能委托给受托方，包括产品最终放行的责任[①]。在委托协议中应当特别明确产品、原料药、辅料、包装材料、标签材料等物料的放行权，

---

① FDA. Guidance for Industry Contract Manufacturing Arrangements for Drugs: Quality Agreements [EB/OL] [2013–5]（2015–8）.http://www.fda.gov/downloads/drugs/guidancecompliancer egulatoryinformation/guidances/ucm353925.pdf.

明确放行权有助于追究药品质量责任。放行具体包括检验和放行两个步骤，协议中应当明确完整的放行程序。受托方应当负责放行经其操作后的产品，委托方应当全程监督药品生产过程，且负责产品最终向市场的放行。委托方负责药品全生命周期的质量安全，最终放行权实际是委托方，即上市许可持有人承担责任的确认，其不得将最终放行责任委托给受托方。

欧盟指令 2003/94/EC 规定委托生产中委托双方需签订合同，清晰划分彼此的义务和责任，且合同必须涵盖所有生产操作。在未获得委托方书面同意的情况下，受托方不得将受托的生产活动委托给其他企业。受托方应当遵守 GMP 规范，按规定接受监管当局的检查。委托方在质量管理体系中必须明确说明质量受权人（QP）对每批产品进行放行认证（Certification）。在欧盟，无论是否委托生产，每批产品放行前必须经过上市许可持有人的 QP 认证，进口药品由进口商的 QP 放行认证。上市许可持有人的 QP 可以转授权，但是仍对放行负责，即授权不放弃责任。上市许可持有人的 QP 进行放行认证的方式，包括对产品全部生产过程的检查，也可通过检查受托生产商的 QP 对所负责生产阶段的放行确认函进行认证。但是必须在书面协议中记录由其他受托生产商的 QP 放行确认的责任[①]。《欧盟人用药品 GMP 指南》明确，所有委托生产协议及变更程序都应当符合相关法规和该产品的上市许可，受欧共体法律和成员国各国法律的约束，该合同的制定不会影响委托双方各自对消费者承担法

---

① EMA.Annex 16: Certification by a Qualified Person and Batch Release. [S/OL][2001-07]. http://ec.europa.eu/health/documents/eudralex/vol-4/index_en.htm.

律责任 [①] 。

4. 质量协议的内容框架

质量协议规定合同双方在符合 GMP 条件下的生产活动以及相应的义务和责任。书面的质量协议要求表达清晰，明确双方的生产义务和责任、建立沟通机制、提供双方的关键联系人，详细说明受托方将为委托方生产的信息及提供服务的内容，以及各种生产活动最终审批的责任人。

我国尚未发布统一的质量协议指南，本书附上美国 FDA 发布的质量协议指南供大家参考（见本书附录）。质量协议的基本内容应当包括：委托目的及范围、协议生效和终止日期、双方责任划分、沟通计划及相关联系人信息、争议解决条款、协议内容的变更控制等。

（三）合同生产与生产场地变更管理

在上市许可持有人制度下，委托生产属于商业性活动，不纳入行政许可进行管理，监管机构关注的是因委托生产带来的生产变更风险，即会不会对药品安全性、有效性和质量造成不利影响。生产变更意味着原申请事项已经发生变化，此时应当纳入监管机构的视野。

由于我国有关上市许可持有人制度下生产变更管理的指导原则较少，而变更又是非常重要的监管内容，因为批准上市的产品不能一成不变，需要持续的改进和完善，变更必不可少，业内需要更为

---

① EMA. EU Guidelines for Good Manufacturing Practice for Medicinal Products for Human and Veterinary Use.[2012-6]（2015-9）.http://ec.europa.eu/health/files/eudralex/vol-4/vol4-chap7_2012-06_en.pdf.

详尽的指导。这里主要介绍美国的相关指导原则供大家参考。

　　我国对生产企业间和企业内部的生产场地变更按照不同的事项进行审批管理，进口药品境外生产场地变更和企业内部生产场地变更按照药品注册补充申请办理，而对委托生产所带来的企业间的场地变更则依据《药品委托生产监督管理规定》进行审批。委托生产必然导致生产场地的变化，对委托生产的监管目标是保证变更前后生产药品质量的一致性。因此，在上市许可持有人制度下取消委托生产行政审批事项，实行统一的场地变更监管是与国际接轨的必然要求。

🔗 延伸阅读

《药品注册管理办法》（2007）有关生产场地变更的规定

　　进口药品的补充申请，由国家食品药品监督管理局对申报资料进行审批。其中改变进口药品制剂所用原料药的产地、……按规定变更进口药品包装标签等补充申请，由国家食品药品监督管理局备案。

　　改变国内药品生产企业名称、国内药品生产企业内部改变药品生产场地等的补充申请，由省、自治区、直辖市药品监督管理部门受理并审批，并报送国家食品药品监督管理局备案。

　　对药品生产技术转让、变更处方和生产工艺可能影响产品质量等的补充申请，省、自治区、直辖市药品监督管理部门组织进行生产现场检查，药品检验所应当对抽取的3批样品进行检验。

2008 年之前，我国没有关于开展研制和生产现场检查的政策，部分已批准药品的工艺有些是中试工艺，无法实现商业化生产，生产企业拿到批准文号后在生产线上进行工艺改进，由于工艺变更审批时间长，很多企业把一个大的变更分成 N 个小变更，甚至隐瞒不报。GMP（2010 年修订）规定，当影响产品质量的主要因素，如原辅料、与药品直接接触的包装材料、生产设备、生产设施、生产工艺、检验方法等发生变更时，应当进行确认或验证。必要时，还应当经药品监督管理部门批准。质量标准、工艺规程、操作规程、稳定性考察、确认、验证、变更等其他重要文件应当长期保存。

1. 基于风险的场地变更管理思路

场地变更应引起上市许可持有人的高度重视，因为任何场地的变更都可能带来设备、工艺等的一系列变化，并可能直接影响药品的安全性和有效性。

场地变更是药品生产变更中的一项重要变更。在合同生产、企业场地转移、搬迁、新建、扩建厂房过程中生产设施、设备、工艺、原辅料等可能发生改变，这些改变是否会带来药品安全风险，变更后是否能保证生产出与原注册药品一致的产品，是上市许可持有人、生产企业和监管机构共同考虑的因素。

2018 年 3 月 21 日，国家食品药品监督管理总局发布关于公开征求《药品生产场地变更注册审批管理规定（征求意见稿）》，适用于已上市中药、化学药品、生物制品制剂的药品生产场地的变更管理，明确规定药品生产场地变更，是指药品的实际生产厂房（包括制造、包装、检验、放行）和生产线等发生改变，包括生产地址的改变或者同一生产地址内生产设施的改变。药品生产地址未变化，但厂房内药品生产条件、生产设备等药品实际生产线发生整体改变的，属于药品生产场地变更。从该条规定看，上市许可持有人制度下委托生产与场地变更已经统一按照场地变更进行管理。

药品生产场地变更对药品质量、安全性、有效性可能带来不同程度的影响，从而可能带来一定的风险。药品生产场地的 GMP 检查历史（接受或未接受 GMP 检查）、生产场地内所进行的操作、药品的类别（例如原料药中间体、原料药、特殊制剂、中药、生物制品等）是决定风险程度高低的主要因素。根据药品生产场地变更对药品可能产生的影响，即风险程度的高低，生产场地变更分为重大变更、中度变更和微小变更，药品监管部门应当据此制定相应的管理策略，申请人则据此开展相应的研究。

可以明显地看到征求意见稿简化了变更管理程序，但不等于降低技术要求，根据药品生产场地变更的风险等级制定相应的简化程序才是合理的。征求意见稿设计的简化程序主要体现在以下几个方面。

一是不再要求药品技术转让的转出省食品药品监管部门出具审核意见。

二是取消了药品生产技术转让双方的控股关系。

三是不再区分新药技术转让与生产技术转让，而是统一表述为"药品的生产技术转让"。

四是根据药品生产场地变更的不同风险级别采取分级管理的模式，建立分级审评机制。

微小变更可以自行实施，由上市许可持有人或药品生产企业在向国家食品药品监督管理总局药品审评中心提交的年度报告中予以报告。

中度变更在药品上市许可持有人或药品生产企业提交补充申请后，国家食品药品监督管理总局药品审评中心在规定期限内未予否定或质疑的，可以实施（征求意见稿中未明确规定期限）。

重大变更需要经国家食品药品监督管理总局药品审评中心审评批准后方可实施，按照《药品注册管理办法》（2007年）的规定，需要进行技术审评的补充申请审评时限为40日（药品注册时限，是药品注册的受理、审查、审批等工作的最长时间，根据法律法规的规定中止审批或者申请人补充资料等所用时间不计算在内）。

我国的变更分类与美国和欧盟的生产变更分类基本一致，从重大变更审评时限看，我国的审评时限快于美国和欧盟（图4-1、图4-2），但由于现场检查和检验等时间不计入技术审评时限，我国的实际审评时限长于40日。

五是合理简化集团内转移品种的审批程序。

对同一集团内药品（除外生物制品）生产场地变更属中度变更的，如生产设备、标准操作规程（SOP）、人员具有的生产操作经验等均保持不变，变更后的药品生产场地符合GMP要求，药品上市许可持有人或者药品生产企业在向国家食品药品监督管理总局药品审评中心申报补充申请后，即可实施该类变更。这条规定大大缩短了药品上市的周期，同时也倒逼药品上市许可持有人或者药品生产企业重视对生产场地变更开展规范研究。如果事先的研究不到位，那么药品上市许可持有人或者药品生产企业在补充申请获得批准前是不敢提前生产的，那也就享受不到政策的红利。

　　与美欧等生产变更风险分类的角度不同，我国对简化变更的要求更注重集团或是否同一持有人的场地，而美欧更关注变更的风险本身，对于企业来说，不论企业大小，变更都面临同样的风险，集团或同一企业内的变更也不应该降低变更要求，所有的变更均应该进行验证和确认，才能保证变更后产品质量。从变更本质上说，因其属于已批准上市许可内容的改变，重大变更和中等变更的审评或备案原则上应该统一由国家药品监督管理局药品审评中心负责，以便与原来的上市许可申请相关联。

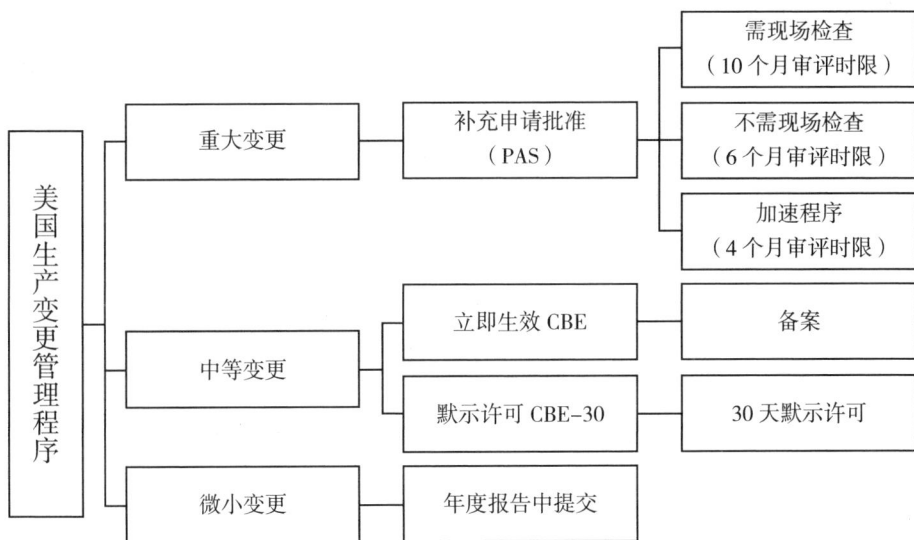

图 4-1　美国生产变更管理程序

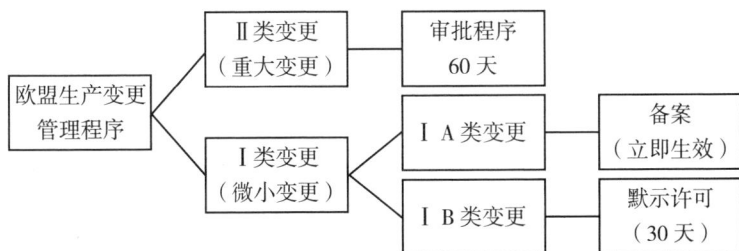

图 4-2　欧盟生产变更管理程序

由于药品上市后生产变更多种多样，监管机构发布的法规指南不能涵盖所有的变更类型，若申请人在进行变更时不能确定变更事项所需提交的变更申请，可咨询监管机构或者默认提交中等变更申请。监管机构收到变更申请时，会在一定的时间内评估申请中的变更事项级别，若认为属于重大变更，会告知申请人重新提交变更申请。

2. 赋予企业生产变更主动权

由于变更基于上市许可持有人对产品和工艺的深刻理解，变更过程需要进行相关验证和研究，以确认变更后未影响药品的安全性、有效性和质量可靠性，上市许可持有人在重大变更申请提交时，需要等待监管机构审批，审批后方能实施变更，这一过程可能延误变更后药品的上市销售。

对于企业来说，变更申请与审评导致的药品上市延迟意味着药品市场竞争处于弱势，原有的市场份额可能因此不保。美欧等的药品监管机构已经认识到提高变更监管效率对于企业的重要性，采取灵活的管理措施，加快变更后药品上市，有些经验值得我国借鉴。

一方面，美国 FDA 根据以往的审评经验，以及生产技术创新或者新信息的发现，认为某些变更的风险降低，就会降低变更级别要求。在 2014 年发布的指南中，FDA 把一些重大变更转变为微小变更。例如无菌制剂以及无菌原料药的生产场地变更，以往通常提交 PAS（经批准方可实施）或者 CBE-30（30 天默示许可）申请，但是新的要求改变为，在现有的传统灌装场地内的灌装或者合成区域内增加隔离板以减少常规人员操作，或者对生产设施进行微小结构改变不必提交 PAS，可在年度报告中提交 [1]。

　　另一方面，美欧日采取新的变更监管措施，基于上市许可持有人对变更知识管理和风险控制基础上设计变更管理方案，给上市许可持有人更多的变更自主权和灵活性，使上市许可持有人主动承担变更风险控制责任，提高变更效率，加快变更后药品上市销售的速度。在这种情况下，对变更的审评转变为对拟定的变更方案（上市后变更管理方案）的审评，而不是对变更后结果的审评，这可以使申请人承担变更合理性论证和变更设计的主要责任，承诺进行适合产品和工艺特点的变更过程，从而获得简化的方案审批，在变更结束后用变更验证数据和检验结果证明变更效果已符合变更承诺方案的内容，从而使变更申请等级降低，审评效率提升，变更后产品上市速度加快。在这种形式的监管下，上市许可持有人更有控制变更前后产品上市的时间和数量的预见性，对上市许可持有人应对市场竞争也是有利的。同时，上市许可持有人也承担了变更中的主体责任，对产品和工艺的理解更加深刻，更了解药品的变更风险。

　　上市后变更管理方案（Post-Approval Change Management Protocol，PACMP）是 ICH Q12《药品生命周期管理的技术和法规考虑指南》引入的新概念，是上市许可持有人制定的全面的、前瞻性的书面计划，用于评估 CMC 变更对药品或者生物制品安全性、有效性相关因素的影响，包括对均一性、质量、纯度以及疗效等的影响。

---

　　① FDA. North Bethesda, MD. Supplement Review Process 2012 GPhA/FDA Fall Technical Conference[EB/OL].（2012-10-03）[2016-06-14].http://www.fda.gov/downloads/aboutfda/centersoffices/officeofmedicalproductsandtobacco/cder/ucm368222.pdf

PACMP 降低变更事项级别，以更具有预测性、有效性的方式促进上市许可持有人在药品生命周期中的 CMC 变更管理，促进企业创新、持续改进优化生产工艺或者调整风险控制策略，加强企业对产品和生产工艺的理解，并促使后续变更的执行以及提交 CMC 变更申请，使变更后的产品更加快速上市[①]。

申请人对产品和生产工艺的理解决定了变更质量控制的水平，申请人对产品和生产工艺的理解程度取决于：①以往积累的知识；②原料药的研发和生产工艺研究；③制剂研发和生产工艺的研究；④工艺验证活动和商业化规模生产经验；⑤质量风险管理活动；⑥商业规模化生产中变更对产品质量影响的深入理解分析研究。

PACMP 方案，可采取阶梯式评估变更的方法，分为以下两步。

第一步是申请人先向监管机构提交书面的变更方案，从变更基本原理，特定的检测和研究方案，评估影响的质量风险管理计划，以往相同或者类似产品变更经验数据，到变更控制方案的合理性论证，确定变更申请类型；监管机构批准PACMP方案后方可实施变更。

第二步，基于方案中制定的验证和研究方案获得实际研究数据和结果，并向监管机构提交这些数据和结果，若研究结果符合方案中预先设定的验收标准，应当提交拟定的变更申请，方可实施变更，若不符合，则需要重新提交 PAS 申请。

通常情况下，提交 PACMP 的变更申请级别低于未提交 PACMP 的变更申请级别，例如从 PAS 降为 CBE-30、CBE 或者 AR)，甚至可越过多个等级，例如由 PAS 直接变为 AR，大大缩短变更时

---

① 李晓宇，柴倩雯，田德龙，等 . 欧美已批药品生产变更研究 [J]. 中国药物警戒，2016, 13（8）: 476-481.

限[1],[2]。在某些情况下，例如非关键变更、重复变更，不需要提交变更申请，只需要上市许可持有人利用自身药品质量体系进行风险控制。根据企业估计，产品在场地间转移中，使用 PACMP 可使变更后的药品提前 5 个月上市[3]。

欧美均不强制企业采用 PACMP 方式进行变更。欧盟所实行的已批准变更管理方案与 ICH Q12 的 PACMP 相同，并规定 PACMP 适用于使用传统方法和质量源于设计（QbD）方法生产的所有药品。FDA 则要求采用类似于 PACMP 的可比性方案（Comparability Protocols，CP）简化变更审批。

欧美均要求申请人在提交的变更方案中拟定的变更必须建立在对产品、活性物质以及工艺的持续认知以及深刻理解基础之上，并进行质量风险管理，建立有效的生产质量管理系统。对于可能对产品质量造成不可接受的高风险或者不确定风险的 CMC 变更，需要进行现场检查的，美国 FDA 不建议提交 CP 申请。

对于 FDA 不建议提交 CP 申请的变更情形，申请人即使提交 CP 申请，其拟定的降低风险级别的变更申请也不会被 FDA 受理，FDA 仍可要求申请人重新提交 PAS 申请。申请人执行 CP 方案中拟定变更时，可根据方案获得的数据对自身已有的质量管理体系进行

---

① EMA.Questions and answers on post approval change management protocols[S/OL] . (2012–03–30)[2016–06–14].http://www.ema.europa.eu/docs/en_GB/document_library/Scientific_guideline/2012/04/WC500125400.pdf.

② FDA.Comparability Protocols for Human Drugs and Biologics: Chemistry, Manufacturing, and Controls Information Guidance for Industry DRAFT GUIDANCE[S/OL]. (2016–04)[2016–06–14].

③ ICH. Final Concept Paper Q12: Technical and Regulatory Considerations for Pharmaceutical Product Lifecycle Management[S/OL]. (2014–07–28)[2016–06–14].http://www.ich.org/fileadmin/Public_Web_Site/ICH_Products/Guidelines/Quality/Q12/Q12_Final_Concept_Paper_July_2014.pdf.

修订，指导后续的产品和生产工艺的研发。

3. 对生产场地的界定与分类变更管理

对生产场地的变更管理，首先应明确界定何为同一场地。

《药品生产场地变更注册审批管理规定（征求意见稿）》中规定，在中国境内，同一生产场地一般是指负责实际生产的新旧建筑物拥有同一生产地址。不同生产场地是指负责实际生产的新旧建筑物拥有不同的生产地址。该生产地址均应当是药品上市许可持有人或者药品生产企业注册时国家食品药品监督管理总局（CFDA）所发药品注册批件标明的。

在中国境外，同一生产场地是指负责实际生产的新旧建筑物必须紧邻或毗邻，之间间断或有间隔就视为不同生产场地。

凡是药品生产条件、生产设备及质量保证体系等已进行系统评估的药品实际生产线发生变更的，均应属于药品生产场地发生变更。

延伸阅读

美国对同一生产场地的界定

生产场地是指由同一政府部门管理且位于同一地点的营业场地，在同一城市内的隶属于同一个营业公司、由同一个当地管理部门监管、并能在同一时间进行检查的分散建筑物，也属于位于"同一地点"。

在美国国内，同一生产地点是指拥有同一个场地登记时

FDA 给予的场地登记号码（Establishment Registration Numbers）、并由同一个 FDA 地区办公室进行检查的新旧建筑物集合；不同生产地点是指，新旧建筑物拥有不同的场地注册号码，或者由不同的 FDA 地区办公室对其进行检查。

在美国境外，同一生产场地是指新旧建筑物必须紧邻（Adjacent）或毗邻（Contiguous），之间间断或有间隔就视为不同生产场地。

生产场地的变更，除了监管信息和场地信息变更外，不能涉及其他事项变更，例如扩大生产规模或者生产工艺变更，并且标准操作程序（SOPs）、具有生产加工经验的人员、环境条件和质量控制，以及生产批记录等也必须保持不变。如果涉及其他事项变更，就视为关联变更，就必须按照单个变更中报告最为严格的类型提交。例如变更原料药生产商，该变更不仅涉及生产场地的变更，还会涉及诸如生产设备、生产工艺等的变更，申请人若有足够的信息评估原料药不同来源间的差异，就可视情况选择合适的报告类别，如果不能评估原料药或者药品制剂不同来源间的差异，即必须按照单个变更的最高级别进行。

由于《药品生产场地变更注册审批管理规定（征求意见稿）》中未细化具体的变更情形，在此以美国的变更指南为例，列举不同场地变更情形的变更程序，以供参考。

在美国相关法规以及指南中，药品生产场地分为①药品、半成品（In-process Materials）、原料药或者原料药中间体（Drug Substance Intermediates）的生产或者加工（Manufacturing or Processing）场地；

②首次或者二次药品包装场地；③首次或者二次药品贴标场地；④化学成分（Component）、药品容器、密封材料（Closures）、包装材料、半成品（In-process Materials）或者药品制剂的检测场地以及进行稳定性试验的场地。

对于同一生产地点内的生产场地变更，除特殊药品外（表4-1），在同一个生产地点内进行生产建设活动，或者在同一生产地点内的某一建筑物内或者建筑物间转移生产操作，无需提交任何申请或者报告。

表4-1　同一生产地点内的生产场地变更的特殊情况

药品类型	特殊情况	申请类型
无菌原料药和无菌制剂	a. 转移到翻新或者新建的设施或者区域内 b. 转移到现有的不生产类似药品（包括容器类型和尺寸的不同）的设施或者区域内	PAS
	转移到现有的无菌生产设施或者区域内	AR
最终灭菌制剂	转移到同一生产场地中新建建筑物内或者已有生产设施中	CBE-30

注　申请类型含义同表4-2。

对于不同生产地点之间的生产场地的变更管理则更为复杂。药品制剂的完整生产流程中，一般药品生产或者加工场地、首次包装场地、检测场地变更对于药品安全性或者有效性或者所进行的生产操作产生很大的影响，且不确定性程度高，因此，应当按默示许可CBE-30程序；二次包装场地、贴标对于各类药品安全性或者有效性或者对所进行的生产操作关联性不大，所需提交的报告类型相对较低，在年度报告中体现即可。生产或者加工生产场地的变更，除了特殊情况（表4-2），其他所有原料药、制剂中间体以及药品制剂生产场地变更均只需提交 CBE-30 申请，按照 30 天默示许可程序管理。

表 4-2　美国不同生产地点药品生产场地变更的特殊情况

药品类型	特殊情况	申请类型
所有药品	可控制药品服用剂量或者药品配方影响吸收率和生物利用度的药品首次包装场地	PAS
制剂中间体	改进释放特征的中间体场地〔包括具有特殊释放方式的口服固体制剂、透皮制剂、脂质体制剂、长效制剂、口腔和鼻腔计量吸入药品（MDIs）、干粉吸入器（DPIs）、鼻腔喷雾泵〕	PAS
无菌原料药和无菌制剂	重建或者新建的场地，转移到现有的不生产类似药品（包括容器类型和尺寸不同）的场地	PAS
最终灭菌制剂	转移到另一生产场地中新建的生产设施中	PAS
无菌原料药和无菌制剂	转移到现有的生产类似药品（包括容器类型和尺寸）的生产场地	CBE-30
原料药最终中间体	转移到另一生产或者加工场地	CBE
原料药非最终中间体	转移到另一生产或者加工场地	AR
固体口服制剂	油墨压印	AR

注　PAS: 审批程序的补充申请；CBE-30:30 天默示许可的补充申请，监管机构在受理补充申请后 30 天内无否定或质疑则视为同意变更；CBE: 立即生效的补充申请，相当于备案程序；AR：在年度报告中提交。

对于一般药品包装材料以及辅料的生产场地的变更，美国相关法规或者指南中没有详细的规定。但是，包装材料的灭菌过程若与已批上市申请中的灭菌过程有本质上的不同，需要在年度报告中提交；辅料的生产场地变更一般不在 FDA 监管范围。

（四）生物制品合作生产的特殊考量

1. 我国目前禁止生物制品委托生产

我国现有法律法规规定预防用生物制品和血液制品不得委托生产，以专用独立生产厂房和设施等作为限制性条件不允许生产场地分散，但却明确允许生产场地变更，生物制品场地变更不适用省局审批的简易程序，必须经国家局审批。主要管理规定如下。

《药品管理法》第十三条规定，经省、自治区、直辖市人民政府药品监督管理部门批准，药品生产企业可以接受委托生产药品。《药品管理法实施条例》（国务院令第 360 号）第十条规定，疫苗、血液制品和国务院药品监督管理部门规定的其他药品，不得委托生产。《中国药典》（2015 年版）三部凡例第十二条规定，血液制品的生产厂房应为独立建筑物，不得与其他药品共用，并使用专用的生产设施和设备。GMP（2010 年修订）附录 4"血液制品"对血液制品生产、检验的厂房与设备的规定：血液制品的生产厂房应为独立建筑物，不得与其他药品共用，并使用专用的生产设施和设备。原料血浆检验实验室应当独立设置，使用专用检验设备，并应当有原位灭活或者消毒的设备。如有空调系统，应当独立设置。血浆融浆区域、组分分离区域及病毒灭活后生产区域应分开设置，生产设备应当专用，各区域应当有独立的空气净化系统。血液制品生产中，应当采取措施防止病毒去除和（或）灭活前后制品的交叉感染，病毒去除和（或）灭活后的制品应当使用隔离的专用生产区域与设备，并使用独立的空气净化系统。

GMP（2010 年修订）规定，生产特殊性质的药品，如高致敏性药品（如青霉素类）或者生物制品（如卡介苗或者其他用活性微生物制备而成的药品），必须采用专用和独立的厂房、生产设施和设备。不得在同一生产操作间同时进行不同品种和规格药品的生产操作，除非没有发生混淆或者交叉污染的可能。

可以说，上述规定对生物制品和血液制品的委托生产来说是属于全面禁止状态，这就限制了原液和血浆组分在不同场地之间的合法转移，在某种程度上造成资源的浪费。

生物制品和血液制品委托生产是可控风险还是不可控风险？同一生产企业内场地变更与企业间场地变更并无本质差异，在某种意义上说，场地变更风险都是可控的。与我国不同，美国等发达国家并未禁止生物制品和血液制品的委托生产和分散生产。

2. 生物制品合作生产的风险可控性

我国对生物制品委托生产和分散生产场地的限制措施主要是基于生物制品高风险的特征，国外法律法规不仅允许生物制品委托生产，也允许分散生产场地。在美国，生物制品的生产模式主要包括三种类型，即分散生产、分段生产和合同生产。未来从促进生物制品资源配置，强化企业主体责任的角度考虑，应该允许生物制品的委托生产，但应该比其他药品的要求更为严格。

在此，仍然以美国的指南为例，以期为生物制品上市许可持有人制度实施后的场地变更提供一些参考。

FDA允许生物制品生产商分散场地进行合作生产。2008年11月，CBER和CDER联合发布的《已批准生物制品的合作生产行业指南》规定，生物制品（包括预防用生物制品和血液制品）生产商（Manufacturer）可以选择进行合作生产。生物制品的生产是指产品繁育（Propagation）、生产和制备产品的所有步骤，包括但不限于生产商的灌装、检测、贴标、包装和存储步骤，如果生物制品上市申请（BLA）申请人决定不进行生物制品的完整生产过程，其可以与一个或者多个生产商一起合作生产。可供选择的合作生产方式包括分散生产、分段生产和合同生产[①]（图 4-3）。

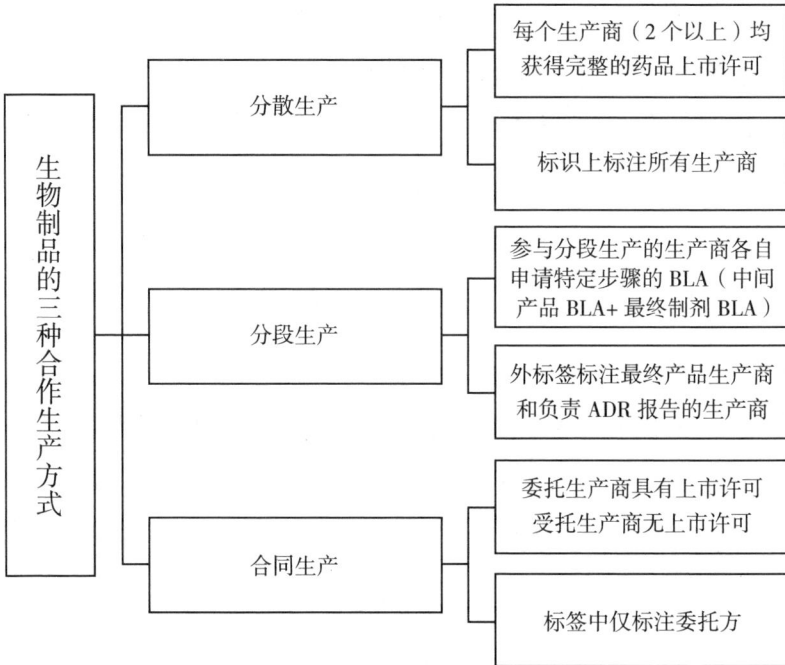

图 4-3　美国 FDA 允许生物制品合作生产模式

（1）分散生产（Divided Manufacturing Arrangements）

分散生产是由两个或者两个以上的生产商共同参与特定生物制品的生产。每个生产商均已向 FDA 登记（备案），且均获准完整的

---

① FDA. Guidance for Industry: Cooperative Manufacturing Arrangements for Licensed Biologics [EB/OL].[2008-11]https://www.fda.gov/downloads/BiologicsBloodVaccines/GuidanceCompliance RegulatoryInformation/Guidances/General/UCM590118.pdf

该生物制品上市许可，由各生产商共同参与该生物制品的生产。

在 BLA 原始申请或者补充申请中，FDA 建议进行分散生产的生产商酌情描述各生产商的分工。建议在申请或者补充申请中标明每个生产商要执行的生产步骤，并且应当在中间产品和最终产品的标签上标明。

分散生产中的生产商必须将其产品的生产、检测或者主要参数变更向 FDA 报告。提出变更的生产商还应当通知其他参与生产的生产商执行此变更。所有参与分散生产的生产商必须遵守法规要求和 cGMP 规定进行记录保存。

分散生产中的标识标注方式也有明确规定。每个参与分散生产的生产商的名称、地址和 BLA 许可证编号必须在产品的包装标签上标明。FDA 建议将制剂生产商和负责报告生物制品不良事件的生产商的名称、地址和许可证编号标在外包装标签上注明；将参与分散生产的所有生产商的名称、地址和许可证编号标在产品包装插页中。

分散生产中凡是用于后续生产的中间产品，FDA 建议将"用于后续生产"标注在每个中间产品的包装标签上。

血液制品往往选择分散生产。场地登记编号（Registration Number）也必须标在输血用血液和血液成分的容器标签上，如果产品获得 BLA，每个生产商的许可证编号也必须标在容器标签上。

（2）分段生产（Shared Manufacturing Arrangements）

分段生产是指两个或者两个以上生产商在产品生产的特定部分（Specific Aspects）获得许可并负责该部分生产，但没有任何一家企业获得产品生产全过程的上市许可。参与分段生产的生产商执行特定生产步骤和（或）与另外一个生产商签订合同，并且有责任遵守产品标准和生产场地标准。参与分段生产的生产商必须依据法规规定向 FDA 登记。分段生产通常是一个生产商负责中间产品，另一个负责最终产品。

分段生产模式下，每个生产商必须提交各自独立的 BLA，说明该生产商准备生产的生物物质（Biological Substance）或者生物制品的相应生产设施和操作。每个 BLA 必须符合要求并完整描述：参与生产商执行的生产和检测范围、主要参数、存储和运输条件、生产方法、稳定性数据、可供检验的产品批次、生产商产品附带的标签。

FDA 建议与分段生产的特定产品相关的所有 BLA 申请或补充申请应当同时提交（例如在同一日期），以便于全面审评该产品。缺乏一项或者多项相关申请可能是拒绝许可申请的依据。

在分段生产模式下，美国 FDA 接收生产商提交中间产品 BLA 和最终产品 BLA 申请，"用于后续生产"许可的中间产品申请或补充申请必须包括 BLA 中的信息以及用于确定不同批次产品是否合格的标准，包括：无菌（生物负载）、稳定性、产品特性、效力、纯度标准。所有中间产品的生产商必须证明其产品始终符合既定参数。最终产品的 BLA 申请或补充申请中应当明确中间产品的来源。最终产品的批准将取决于接收和接受中间产品的既定标准。FDA 认为应当由生产最终产品的生产商来承担提供数据证明最终产品的安全性、纯度和效力的主要责任。FDA 还希望由最终产品生产商负责批准后的事宜，如临床试验、附加产品稳定性研究、投诉处理、召回、上市后广告宣传和不良事件报告。建议最终产品生产商与其他参与生产商建立信息渠道以获取这些信息。

所有参与分段生产的生产商必须遵守法规规定的记录保存要求以及其他相应的 cGMP 规定。生产商要有识别生产问题或者偏差所需的技术和专业知识，并负责实施预防纠正措施（CAPA），以确保产品的安全性和效力。每个参与生产商都应当负责报告产品在其质量控制过程中发生的偏差。分段生产中的每个生产商必须向 FDA 报告关于其产品的生产、检测或者主要参数变更；并应当将此变更通知其他参与生产商。

在分段生产药品的标识方面，最终产品生产商和负责报告不良事件的生产商的名称、地址和许可证编号贴在包装的外标签，将参与分段生产的生产商的名称、地址和许可证编号标注在包装插页中。最终消费者可以更有效地识别出相关生产企业。

用于后续生产的中间产品，"用于后续生产"必须出现在可带有完整标签的容器上。

（3）合同生产（Contract Manufacturing Arrangements）

合同生产指委托生产商与其他实体签订合同，合同生产商执行产品的部分或者全部生产活动。合同生产商应当为委托生产商提供所有必要信息。

委托生产商应当负责产品的安全性、纯度和效力，确保产品的生产符合 BLA 以及其相应法规的规定、生产符合产品标准以及生产场地标准。委托生产商应当与合同生产商之间签订协议，定期评估合同生产商的合规性，审查记录、生产偏差和缺陷以及定期审计。委托生产商有权查阅合同生产商生产场地的平面图、设备验证情况和其他生产信息，委托生产商必须制定沟通渠道以接收合同生产商提供的所有偏差、投诉和不良事件信息。合同生产商应当与委托生产商共享所有重要的生产和设施（包括引入新产品或者接收检查）变更，由委托生产商负责向 FDA 报告这些变更。

合同生产商的生产设施必须根据法规向 FDA 登记，并经 FDA 检查。所有合同生产商必须符合 cGMP 规定，并且在提交申请时应当接受检查。合同生产商应当将所有关于产品的或者可能影响产品的检测和调查结果完整通知委托生产商。所有合同生产商收到的任何 FDA 检查意见都要与委托生产商共享，以评估其对委托生产商产品的纯度、效力和安全性的影响。如果合同生产商未遵守 cGMP 法规或者未承担合同约定的责任，则 FDA 考虑对委托生产商执行合规性行动，如撤销许可。

根据合同约定，最终产品标识必须符合法规相关条款。由于合同生产设施被认为由委托生产商控制，因此不需要在产品标识中具体标明合同生产商。中间产品或者由合同生产商生产的中间产品，其标签应当标明该产品"用于后续生产"。

3. 生物制品生产场地变更管理

FDA 对生物制品场地变更有特殊考虑和要求（表 4-3）。对生物制品原材料供应商的变更规定如下。

需要审评的 PAS 变更申请包括：①可对产品质量产生较大潜在影响的原料供应商变更，包括灭活、减毒、超免疫血浆生产中的免疫或者缀合物（例如 PEG、吖啶酯、生物素、珠粒）的变更；②可对产品质量产生大量潜在影响的原辅料供应商的变更，包括生产血浆衍生物分馏时保持特定的 pH 或者离子浓度的添加剂（例如磷酸盐、三醇、乙醇）变更。

通过 CBE-30 程序申请的变更包括：①用于辅助过滤的原辅料

供应商的变更，例如硅藻土、活性炭的供应商变更；②用于生产病毒疫苗产品的胰蛋白酶或者血清供应商的变更。

通过 AR 报告变更包括：原材料、试剂和溶剂供应商变更，但上述材料的特定用途、物理化学性质、杂质含量和验收标准保持不变。

表 4-3　美国生物制品生产场地变更及其推荐变更类别

变更类别	变更情形	变更类型
生产地点（Manufacturing Location）的变更	增加或者替换用于生产药品成分、制剂或者中间产品的生产设施	重大变更（PAS）
	增加或者替换不符合 cGMP（无检查历史）的现有贴签和（或）包装地点	
	增加准备无菌材料/设备的新区域，以用于生产无菌产品	微小变更（AR）
	在已批准的设施中增加包装和（或）贴标生产线	
更改检验地点（Testing Location）注：申请人有义务确保合同检验地点符合 cGMP 要求	增加或者更换一个检验实验室，在新地点的新检验实验室进行关键检测。包括对成品制剂的效力或者安全性检验	重大变更（PAS）
	通过在现有场地内，增加或者替换检验实验室以进行放行或者稳定性测试	
	通过移动到新地点（New Location），增加或者变更未经 PAS 的放行或者稳定性检测实验室	
	主要参数没有变化的情况下细胞/种子库的放行或检测地点的变更	
	在批准的范围之外的中间过程控制限制不更改的情况下，增加或者更换过程监测中间控制的地点	微小变更（AR）

变更类别	变更情形	变更类型
地点（Location）内部的变更　地点（Location）内部的变更	在批准的生产地点内增加或者变更现有的生产药品成分、制剂或者中间产品的建筑	重大变更（PAS）
	在已批准生产建筑物内，增加、扩建或者替换可能造成污染或者交叉污染的房间	
	在已批准生产建筑物的内部，增加或者替换无菌且无污染 / 交叉污染的现有房间	中度变更（CBE-30）
	生产设备在批准的生产地点内移动，以改善产品 / 人员 / 原材料的流动和材料隔离	微小变更（AR）
	支持性操作（例如缓冲液、培养基、净化服、温度控制区域、上游处理如蛋孵育和接种、血浆融化和混合等）的位置或者区域的变更	
	在已批准的设施中安装新的或者修改现有的注射用水（WFI）系统	
	除了无菌加工区域外，环境质量分类转变为更低类别	
	为无菌加工区域建立新的环境监测标准，例如根据历史数据减少采样点和采样频率	
	除无菌区外，在实施工艺步骤的环境控制区安装新 HVAC 系统或者对现有系统进行修改	

（五）生产场地变更后的药品质量保证

场地变更后，申请人必须依照相关规定对变更后的药品的安全性和有效性进行评估。美国《联邦食品药品化妆品法》规定无论是重大变更、中等变更或者是微小变更，在变更后药品上市销售之前，申请人必须验证（Validate）和评估（Assess）变更对药品安全性或者有效性的影响，例如对药品的均一性、规格、质量、纯度或者效力。

评估场地变更后药品的安全性和有效性，主要表现在验证药品质量各项重要指标是否达到相应标准。生产场地变更所涉及的原料药中间体、原料药、制剂中间体或者药品制剂的各项质量指标必须符合已批准的上市许可中制定的质量标准，即利用分析程序对变更后产品进行附加检测，包括化学、物理、微生物、生物检验、生物利用度试验和（或）稳定性试验，其检测结果应当符合规定的验收标准。这些检测试验并不是全部进行，要依据药品生产变更的类型、药品或者原料药的类型以及变更对药品质量的影响程度而定。例如，对于超出已批准的上市许可的生产场地变更，除了进行基本的检测之外，还需进行生物等效性试验[①]。所采用的检测方法和研究试验，以及产生的相关研究数据必须真实地体现在所提交的补充申请或者年度报告中。

在上市许可持有人制度下，生产场地变更管理是制度中的一个关键内容。业内应该认识到，生产场地变更的风险控制责任是由上市许可持有人承担的。在某种程度上，变更管理的审评标准比以往的规定更为严格，但并不意味着增加变更管理复杂性，变更管理制度的设计初衷是希望上市许可持有人能够充分理解产品和工艺，评估变更所带来的风险，并确保变更后药品质量。

---

① CODE OF FEDERAL REGULATIONS TITLE 21 320.21（c）（1）[EB/OL].[2014-1-1][2015-05-17]http://www.gpo.gov/fdsys/pkg/CFR-2014-title21-vol5/pdf/CFR-2014-title21-vol5.pdf.

‎‑≫ **要点回顾** ≪‑

外包已成为一种成熟的医药研发和生产合作模式。我国《药品注册管理办法》《药物临床试验质量管理规范》等规章中允许外包研发，但不允许责任转移。

临床试验阶段的外包也可以采用外包同时转移部分或者全部责任的情形。完善临床试验违法行为的双重责任追究机制，从而提高临床试验的监管水平。

在全球化研发、全球化生产的大背景下，上市许可持有人可能把生产场地布局在不同的国家和地区，可以分散生产场地，也可以把生产的环节部分或者全部外包完成。

对药品生产企业的管理有两种管理模式，一种是颁发药品生产许可，一种是进行场地经营者备案管理。

实施上市许可持有人制度以后，对境内企业继续采取颁发生产许可模式，同时对境内和境外企业建立药品生产场地登记制度是可行的、有效的制度选择，也是建立药品供应链追溯体系的需要。

质量协议是药品委托生产关系所涉各方主体之间全面的书面协议。质量协议并非商业合同，应当分别签订。以便于监管机构对企业检查时审查质量协议。

上市许可持有人应当负责最终产品的放行，这项义务不应该委托给受托方，同时，受托生产企业也应有自己的放行人员负责药品的出厂放行。

根据药品生产场地变更风险程度的高低，分为重大变更、中度变更和微小变更，药品监管部门应当据此制定相应的管理策略，申请人则据此开展相应的研究。

批准上市的产品不能一成不变，产品和工艺都处于持续的改进和完善中，变更必不可少。我国有关上市许可持有人制度下生产变更管理的指导原则较少，而变更又是非常重要的监管内容，业内需要更为详尽的指导。

第五章

义务

我们的地位向上升，我们的责任心就逐步加重。升得愈高，责任愈重。权力的扩大使责、任加重。

——（法）唯多克·雨果《笑面人》

　　《药品管理法修正案草案》征求意见稿中规定，药品上市许可持有人应当具备质量管理、风险防控、持续研究和责任赔偿等能力。药品上市许可持有人具备这些能力的目的是依法履行相应的义务。这些义务主要是在申报阶段、审评阶段、上市后阶段，上市许可持有人应该承担的药品全生命周期的安全性和有效性保证义务。

一、数据可靠性保证义务

　　众所周知，药品审评决策是以申请人提交的申报资料和数据为基础做出的，数据可靠性十分重要。没有可靠的数据，药品的安全性、有效性、质量可控性就无以支撑。如果数据存在人为恶意造假，把小概率严重不良事件掩盖掉，把无效结果记录为有效，把不具有统计学意义的数据改成有统计学意义，把偏差记录删除等，这些造假行为将使产品不具备应该具备的安全性、有效性和质量属性，数据更无法追踪溯源，这样的产品上市后意味着会对人的健康带来不可预测的、巨大的潜在风险。没有真实可靠的数据做基础，一切监管决策均是空中楼阁。

　　数据可靠性问题不仅限于GMP领域，还涉及GLP、GCP等领域，在进行临床前研究、临床试验、生物利用度和生物等效性研究的临床研究场所中，数据完整性问题影响深远，一旦出现数据可靠性问题，不仅数据造假的申请会受到影响，该申请人的其他数种、甚至数百种产品的数据将会受到影响，并最终影响药品医疗器械上市许可的审评决策或者监管决策。

（一）建立数据质量管理体系

保证数据可靠性是药品申请人和上市许可持有人在研发、生产过程中的基本义务。申请人和上市许可持有人应该建立数据质量管理体系，在提交药品注册申请、补充申请、备案资料、登记信息、药物警戒文件等药品监管文件时应承诺并保证数据可靠性，药品生产过程中应保证生产过程数据的可靠性，这是申请人和上市许可持有人的一项基本义务。数据不可靠意味着不合规，甚至人为造假，申请人和上市许可持有人应依法承担法律责任，情节严重构成犯罪的，追究刑事责任。

🔗 **延伸阅读**

GCP 征求意见稿中的数据监察委员会

发起人可以建立独立数据监察委员会，以定期评价临床试验的进展情况，包括安全性数据和重要的有效性终点数据。独立数据监察委员会可以建议申办者是否可以继续实施、修改或停止正在实施的临床试验。独立数据监察委员会应当有书面的工作流程，应当保存所有相关会议记录。

独立的数据监察委员会（Independent Data-Monitoring Committee，IDMC）（数据和安全监察委员会 /Data and Safety Monitoring Board，监察委员会 /Monitoring Committee，数据监察委员会 /Data Monitoring Committee），指由申办者设立的独

立的数据监察委员会，定期对临床试验的进展、安全性数据和重要的有效性终点进行评估。

摘自国家市场监管总局 2018 年 7 月发布的 GCP 征求意见稿

（二）保证数据真实记录、保存和追溯

国际上，国际组织和各国药品监管机构对申请中提交的研究数据和生产过程数据管理均有严格的规定。ICH E6《药物临床研究质量管理规范》（GCP）对临床试验数据管理有着原则性要求。对开展临床试验的研究者、发起人的职责以及有关试验过程的记录、源数据、数据核查等都作出原则性规定，以保证临床试验中获得的各类数据信息真实、准确、完整和可靠。

美国早在 1997 年发布 21CFR 11 部分《临床试验数据的电子记录和电子签名的规定》，明确电子记录、电子签名与传统的手写记录与手写签名具有同等的法律效力，FDA 可以接受电子化临床研究申请材料。

2016 年 6 月 3 日，WHO 发布《数据可靠性指南》以保护全球患者安全。倡导在数据管理中实施风险管理方法。数据完整性是在数据生命周期内完整、一致、准确、值得信赖和可靠以及数据特性被维护的程度。数据可靠性的基本要求应该是可追溯的（Attributable）、清晰易读的（Legible）、同步产生的（Contemporaneous）、原始的（Original）和准确的（Accurate）。通常这个基本要求被称作"ALCOA"。数据可靠性的其他要求称为 ALCOA+，即完整的（Complete），一致的（Consistent），持久保存的（Enduring），可获得的（Available When Needed）。

保证数据完整性需要适当的质量和风险管理系统，包括坚持合理的科学原则和良好文件规范。数据产生、处理、回顾、分析和报告、传递、储存和恢复及持续监控直至销毁过程的所有阶段。

WHO《数据可靠性指南》明确对合同研究受托方和合同研究发起方同样适用。合同研究发起方在基于 GxP 数据做出所有稳健性决策方面负最终责任，包括基于合同研究受托方提供给他们的数据做出决策。所以发起人应执行基于风险的尽职调查确保受托方（或试验机构）有适当的计划保证数据的真实性、完整性和可靠性。为了确保所有记录包括纸质和电子记录可以完全重现和追踪 GxP 活动，应该遵守良好数据记录规范（GDocP）。

近几年，各国在 GMP、GCP 和 GLP 检查中发现与良好数据和记录管理规范相关的缺陷项的数量增加，监管机构特别重视审评过程中获得的药品器械等产品的申请数据和日常决策数据信息是否全面、完整和可信检查。

如果说数据可靠性最重要的是什么要素，我认为是"真"，不能有"假"，不追求完美，应该如实记录偏差和失败，这样的数据才能有证据效力，才可作为决策支持。申请人或上市许可持有人的数据可靠性保证义务就是要求其提交的申请数据，日常记录的数据必须是"真"，不论值是"正向"还是"负向"，是准确还是存在偏差，都应该如实记录，持久保存，可以随时追溯和查阅，以备监管部门的核查和检查。

（三）接受数据核查和检查

在药品上市申请或补充申请批准前，监管机构可对临床试验过程开展检查，其中包括数据核查内容，申请人或上市许可持有人应准备好接受检查的必备文件、受试者病例报告表、数据原始记录（纸质或电子记录）、统计分析报告、知情同意书等内容。

临床试验必备文件是指评估临床试验实施和数据质量的单独的、集成的文件。这些文件用于证明研究者、申办者（发起人）和监查员在临床试验过程中遵守了 GCP 和相关药物临床试验的法律法规要求。必备文件是申办者稽查、药品监督管理部门检查临床试验的重要内容，并作为确认临床试验实施的真实性和所收集数据完整性的依据。

根据《国务院关于改革药品医疗器械审评审批制度的意见》（国发〔2015〕44 号）的有关要求，针对部分药品注册申请中的临床试验数据不真实甚至弄虚作假问题，2015 年 7 月 22 日国家食品药品监督管理总局发布《关于开展药物临床试验数据自查核查工作的公告》（2015 年第 117 号），组织对已申报生产或进口的待审药品开展临床试验数据核查工作。2016 年 7 月 27 日，国家食品药品监督管理总局发布临床试验数据管理工作技术指南的通告（2016 年第 112 号），对临床试验数据管理提出明确的指南建议，申请者和药品上市许可持有人应遵照实施。

《药品生产质量管理规范》中也对记录保存有明确的要求，每项活动均应当有记录，以保证产品生产、质量控制和质量保证等活动可以追溯，GMP 检查时也是重要的检查内容。记录应当留有填写数据的足够空格。记录应当及时填写，内容真实，字迹清晰、易读，不易擦除。每批药品应当有批记录，包括批生产记录、批包装记录、批检验记录和药品放行审核记录等与本批产品有关的记录。批记录应当由质量管理部门负责管理，至少保存至药品有效期后一年。质量标准、工艺规程、操作规程、稳定性考察、确认、验证、变更等其他重要文件应当长期保存。

二、临床研究风险控制义务

新药临床试验并非百分之百成功，参与临床试验的受试者的安全和权益需要保护，临床试验发起人是临床试验的风险控制主要责任人。

在药物临床试验过程中，发起人应主动承担临床试验监控义务，明确与 CRO 的权责和分工，选择合格的研究者，与 IRB 保持良好的沟通，为受试者购买保险，遵守知情同意等受试者保护和伦理审查规定，按要求快速报告严重的、非预期的不良事件，提交临床试验年度报告和总结报告，在临床试验受试者因为使用研究用药品而受到损害时，依法给予受试者赔偿或补偿（图 5-1）。

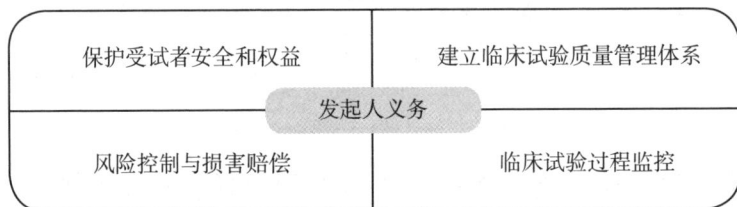

图 5-1　临床试验发起人义务

（一）保护受试者安全和权益

在药品审评审批改革深入推进之时，创新药在中国申请开展临床试验的数量会急剧增加，临床试验需要进行动态风险控制。对于患者来说，有人把试验药物当成最后的救命稻草，期望过高，也有人担心，受试者充当"小白鼠"，面临风险。临床试验是在动物试验等前期研究基础上进一步验证药品安全性、有效性的过程，不进行人体试验，就不可能有新药上市。对于临床试验发起人来说，保证受试者安全和权益的义务高于对药品有效性的期待。伦理审查与知情同意是保障受试者权益的主要措施。

（二）建立临床试验质量管理体系

2018年8月18日，国家市场监管总局《药物临床试验质量管理规范》征求意见稿发布，首次提出申办者（发起人）应当建立临床试验的质量管理体系。申办者的临床试验的质量管理体系应当涵盖临床试验的全过程，包括临床试验的设计、实施、记录、评估、结果报告和文件归档。质量管理包括有效的试验方案设计、收集数据的方法及流程、对于临床试验中做出决策所必须的信息采集。

临床试验发起人应当负责选择合格的研究人员，并为其提供开展临床研究的必要信息，确保对研究项目进行有效监控，确保研究项目按照研究计划和相关试验方案进行，确保及时通知监管机构和所有参与研究人员药品相关的重大不良反应或风险。

临床试验发起人可以将临床试验申请的部分或全部职责以书面合同约定方式转移给CRO，未书面说明的任何职责均被视为未转移责任。CRO应依照合同约定承担部分或全部的发起人委托责任，如果不能履行合同规定职责，也同样受到处罚。

（三）对临床试验过程进行动态监控

临床试验发起人应在以下情况出现时暂停临床试验，控制风险，保护患者安全和权益。

（1）受试者正在或将暴露于不合理的、明显的疾病或伤害的巨大风险。

（2）临床研究中参与的研究人员实施临床试验的科学培训和经验不足。

（3）研究人员手册的内容引人误解和错误，或者资料不完整。

（4）IND 申请中未包含评估拟开展临床试验中受试者面临风险的充分信息。

（5）用于治疗危及生命疾病或症状的药品 IND 申请对育龄男女患者用药可能具有潜在生殖能力影响。如果研究用药物具有生殖毒性或遗传毒性，则育龄患者不得参与研究。

（6）Ⅱ期、Ⅲ期研究计划或临床试验方案明显不能满足预定目标。

此外，监管机构对研究计划不全面、非采用良好对照设计的临床试验也会采取临床试验暂停措施。临床试验暂停后，临床试验发起人可以完善临床试验方案，经伦理审查后，申请恢复临床试验进行。

当临床试验出现以下情形时，临床试验将被终止。

（1）受试者暴露于罹患严重疾病或遭受严重伤害的巨大风险。

（2）不符合 IND 申请提交要求规定，不满足评估临床试验受试者安全性所需的充足信息。

（3）制造、加工和包装研究药品使用的方法、设施及管理信息不足以确保受试者安全所需的药品特性、浓度、质量和纯度相关标准。

（4）临床试验的执行与提交的试验方案存在很大不同。

（5）IND 申请、IND 补充申请资料或 IND 报告存在虚假或遗漏。

（6）发起人不符合 IND 安全报告规定，未能积极调查并通知监管机构和所有研究人员严重的非预期不良反应或其他要求提交的任何报告。

（7）发起人未能按要求提交准确的年度研究报告。

（8）发起人未能遵循研究用药物管理、受试者保护或伦理审查要求。

（9）发起人不符合临床试验暂缓规定，未能暂缓临床试验计划进行或正在进行的计划不全面、非采用良好对照设计的临床试验。

（四）给予临床试验受试者损害赔偿或补偿

《药物临床试验质量管理规范》征求意见稿规定，申办者应当采取适当方式保证可以给予受试者和研究者补偿或赔偿。①申办者应当在相关法律法规规定的范畴内，向研究者和临床试验机构提供与临床试验相关的法律上、经济上的保险或保证，并与临床试验的风险性质和风险程度相适应。但不包括研究者和临床试验机构自身的过失所致的损害。②申办者应当承担受试者与临床试验相关的损害或死亡的诊疗费用，以及相应的补偿。申办者和研究者应当及时兑付给予受试者的补偿或赔偿。③申办者提供给受试者补偿的方式方法，应当符合相关的法律法规。

三、质量管理与保证义务

药品上市许可持有人是生产者，是承担药品全生命周期安全性、有效性保证义务的责任主体，承担质量保证义务。

（一）构建质量文化

在药品行业，质量具有无与伦比的重要性。质量不仅仅是企业的生命，质量更是患者的生命。药品行业是挽救生命的行业，质量就意味着生命，质量不好就有可能害命。

谈到这里，必须要提到福特汽车创始人 Henry Ford 的一句质量名言，"质量就是在没有监督的情况下依然做正确的事"！原文是"Quality means doing it right when no one is looking."

谈到文化，多数人都觉得很虚，但是对于制药企业来说，文化是决定企业生存发展的实实在在的根基。

一个企业的质量文化是否受重视，关键在于领导者。质量文化始于高层，并向下渗透，并不是自下而上建立的（摘自《食品安全文化》，弗兰克·扬纳斯著）。

企业文化是由领导者创造的，领导阶层最具有决定性的职能之一是创造、管理以及在必要时摧毁文化（摘自《企业文化》，埃德加·沙因著）。如果在一个制药企业中只有追求利润的文化，而没有质量文化，其质量体系必然是崩塌的。

菲利普·克劳士比在《质量无泪》中指出大多数公司的质量不佳，原因在于他们明知该如何做，可就是不那样做。导致质量发生问题的典型决策，常归因于一个管理上的"毒瘤"。这个毒瘤就是以短视的决策来解决进度和成本方面的问题；甚至不肯信任评估结果，从而导致问题的发生。克劳士比倡导"第一次就把事情做对"和"零缺陷"，因为如果第一次做错了，修正错误的成本会更高。

他倡导企业的首席执行官必须致力于使客户得到符合要求的产品，坚信唯有公司全体员工皆有此共识，公司才能业务鼎盛；首席运营官必须相信，质量是管理工作中的重中之重，比进度和成本重要；高级执行官必须认真对待，不允许出现任何偏差；高级执行官下的经理人员应明白，他们的未来取决于善用人才，以及在第一次就把事情做对的能力；专业人员应该明白，他们的工作是否准确，决定着整个企业的工作效率，唯有他们每个人献身于诚信要求才能使公司健全茁壮。

药品上市许可持有人需要建立强有力的质量文化，把质量变成企业的自觉行动，而不是与监管机构"玩猫捉老鼠的游戏"。药品行业应倡导诚信经营、尊重生命、挽救生命、维护健康的质量理念，最大限度的满足患者的健康需求。

（二）强化质量体系

质量体系是什么？质量体系是指为保证产品、过程或服务质量，满足规定（或潜在）的要求，由组织机构、职责、程序、活动、能力和资源等构成的有机整体。

ICH Q10 中界定制药质量体系四个元素为：质量监控系统；纠正和预防措施（CAPA）系统；变更管理系统；质量的管理层审核。这些要素的应用应当与产品生命周期的每个阶段相适应，并理解各阶段之间的差异，以及每个阶段的不同目标。在整个产品生命周期中，鼓励申请人对一些提升产品质量的创新机会进行评估。改变才有创新，创新面临风险，越是创新越是需要高效的质量体系。

ICH Q10 的核心是建立高效的药品质量体系，归结为以下四点。

（1）监控系统

是建立能够发现错误的人员机构、职责、监控设备（自动化监测）系统；在这个系统中最关键的是产品放行人员，他应该具有质量一票否决权；这个系统中有无数个关口可以阻挡不合格产品的出厂，包括验收、检验、质量管理和每个生产操作人员。

（2）纠正预防措施

在制药企业中，出现偏差是无法绝对避免的，出现偏差不怕，关键是通过调查分析，深入理解出现偏差的根源，采取纠正措施，特别是通过验证，判断措施有效性，预防再次出现偏差，这个过程要完整的记录，不能只记录正确的，掩盖出现偏差的记录。制药企业不是不允许出错，是出错后要改正并预防偏差的再次出现。

（3）变更管理

变更风险识别、评估与控制。其核心要义是要申请人理解产品和工艺，理解变更带来的新的不确定性，以及由此给患者可能带来的潜在风险的程度，进行必要的风险控制。

（4）管理评审

企业应该处于持续改进当中，定期评估各种质量管理和控制措施的有效性，持续改进。

在上述四个基本质量体系要素之外，还有知识管理和风险管理工具。所谓知识管理就是从过去的失败和成功的经验中去总结，形成内部规范和文件，特别强调，那些失败的经验同样是知识，没有失败就没有进步，失败会让我们更好地理解制药生产的风险点，运用风险管理工具识别风险，控制风险。

有些企业对生产过程中的失败经验不重视，甚至持回避的态度，原因很简单，企业人员对药品质量的风险认识仍然薄弱，不正视药品行业高风险的事实，追求完美的生产记录，偏差被隐藏和忽视，潜在的质量风险被掩盖，风险一旦爆发将是致命性的。在制药企业中，特别是在生产变更发生时（如增加或更换设备、变更场地、变更工艺），越完美的记录越应该引起警觉和怀疑。制药行业不怕在生产场地内出现问题，怕的是发现不了问题，出厂的最终产品质量出现问题。

国际上倡导制药企业建立稳健的质量体系，以便持续生产出有质量保证的产品。如果不强调组织内部的质量文化建设，不将质量结果与稳健的卓越生产过程相联系，也不从患者风险角度审查生产过程中的数据，那么讨论质量问题毫无意义。

📎 **延伸阅读**

海因里希事故法则

美国著名安全工程师海因里希提出300：29：1"海因里希安全法则"，即300起隐患或违章，非常可能要发生29起轻伤或故障，另外还有一起重伤、死亡事故。

（三）上市药品放行

药品上市许可持有人在药品生产中承担什么角色？答案是无论药品上市许可持有人是否是实际生产企业，都要遵守GMP，承担最终上市药品放行责任，这是一项国际惯例。

药品质量是生产出来的，更是设计出来的，药品质量源于设计（QbD）的理念，在药品研发、生产中的体现就是，上市许可持有人要深刻理解自己产品的特性，要从设计角度管理生产，保证持续生产出与申报上市时预定标准一致的药品，上市许可持有人的最终产品放行权决不能放弃或委托给其他任何单位。

《药品上市许可持有人试点方案》对上市持有人义务规定中包括上市持有人应当与受托生产企业签订书面合同以及质量协议，约定双方的权利、义务与责任。

药品上市最终放行权由上市许可持有人负责，委托生产的出厂放行由受托药品生产企业负责。药品上市许可持有人与受托生产企业都要遵守 GMP 要求，违反 GMP 双方均应依法予以处罚。

（四）供应商质量审计

中共中央办公厅、国务院办公厅《关于深化审评审批制度改革鼓励药品医疗器械创新的意见》与《国务院关于取消一批行政许可事项的决定》（国发〔2017〕46 号），取消药用辅料与直接接触药品的包装材料和容器审批，原料药、药用辅料和药包材在审批药品制剂注册申请时一并审评审批，这是我国原辅料包材审评改革的重大进步，标志着我国对原辅包的监管由单纯性产品监管向上市许可持有人的供应商管理转变。

2017 年 11 月 23 日国家食品药品监督管理总局发布《关于调整原料药、药用辅料和药包材审评审批事项的公告》（2017 年第 146 号）确定，自公告发布之日起，各级食品药品监督管理部门不再单独受理原料药、药用辅料和药包材注册申请，国家食品药品监督管理总局药品审评中心建立原料药、药用辅料和药包材登记平台（以下简称"登记平台"）与数据库，有关企业或者单位可通过登记平台按公告要求提交原料药、药用辅料和药包材登记资料，获得原料药、药用辅料和药包材登记号，待关联药品制剂提出注册申请后一并审评。

在原辅料包材登记制度下，对药品制剂产品承担质量责任的主体是申请人或者上市许可持有人，原辅料和包材都是制剂产品的组成部分，原辅料包材企业均是供应商，申请人或者上市许可持有人对选择哪家原辅料包材供应商的产品负责，也对整个供应链完整性负责。146号公告中明确，"药品制剂申请人应当对选用原料药、药用辅料和药包材的质量负责，充分研究和评估原料药、药用辅料和药包材变更对其产品质量的影响，按照国家食品药品监督管理总局有关规定和相关指导原则进行研究，按要求提出变更申请或者进行备案。"申请人或者上市许可持有人对供应商的管理可参考《药品生产质量管理规范》中的有关规定执行，也可以在委托生产协议中明确由受托生产企业负责。

我国《药品生产质量管理规范》（2010年版）第七节为"供应商的评估和批准"，该节对制剂企业进行生产用物料供应商的质量评估做了相关规定。质量管理部门应当对所有生产用物料的供应商进行质量评估，会同有关部门对主要物料供应商（尤其是生产商）的质量体系进行现场质量审计，并对质量评估不符合要求的供应商行使否决权。主要物料的确定应当综合考虑企业所生产的药品质量风险、物料用量以及物料对药品质量的影响程度等因素。应当建立物料供应商评估和批准的操作规程，明确供应商的资质、选择的原则、质量评估方式、评估标准、物料供应商批准的程序。质量管理部门应当指定专人负责物料供应商质量评估和现场质量审计。质量管理部门对物料供应商的评估至少应当包括：供应商的资质证明文件、质量标准、检验报告、企业对物料样品的检验数据和报告。如进行现场质量审计和样品小批量试生产的，还应当包括现场质量审计报告，以及小试产品的质量检验报告和稳定性考察报告。

四、药物警戒与风险管理义务

WHO 的药物警戒定义"发现、评估、理解和防止不良事件或者任何药物相关问题的科学和活动"。药品安全是相对的，不是绝对的，药品风险来源众多，上市前和上市后药品新的风险获益信息不断出现，上市许可持有人应该持续开展药物警戒工作，监测各种不良事件，识别和预防风险。上市许可持有人一定要充分认识在药品全生命周期当中开展药物警戒活动的重要性和意义，在实际操作层面更应清楚主动监测的重点是新出现的药品安全信息、开展累积性而非阶段性的风险获益评估，提高药物警戒活动的效率。

药物警戒的技术过程可以分解为不良事件的监测与报告，信号检测与解读，风险确认与控制（图5-2）。药物警戒活动关注点在于发现新的安全性信息，采取针对性的干预措施，而不良事件监测报告只是手段和中间过程，发现风险、控制风险才是药物警戒的最终目标。

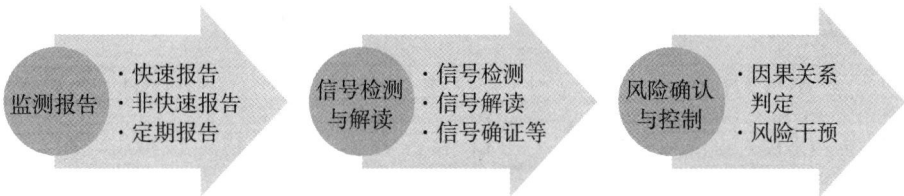

图 5-2 药物警戒的技术过程

📎 延伸阅读

药品安全

FDA 指出，如果一个产品的临床意义和有益效果的可能性大于其有害或者不良影响的可能性，该产品是安全的。

换句话说，产品对于潜在使用者具有合适的风险获益平衡（Benefit-Risk Balance），则产品是安全的。

（一）主动监测和报告

我国现行《药品管理法》明确规定药品生产企业、药品经营企业和医疗机构发现可能与用药有关的严重不良反应有报告义务。《药品管理法实施条例》规定，国务院药品监督管理部门对已批准生产、销售的药品进行再评价，根据药品再评价结果，可以采取责令修改药品说明书，暂停生产、销售和使用的措施；对不良反应大或者其他原因危害人体健康的药品，应当撤销该药品批准证明文件。

《药品管理法》中虽然已经规定了药品生产企业等报告药品不良反应的义务。但是，报告义务承担均不够理想。2017 年国家药品

不良反应监测中心发布的《国家药品不良反应监测年度报告》（2017
年）显示（图5-3），2017年全国药品不良反应监测网络收到共计
142.9万份《药品不良反应/事件报告表》，药品生产企业报告仅占
全部报告数量的1.8%。

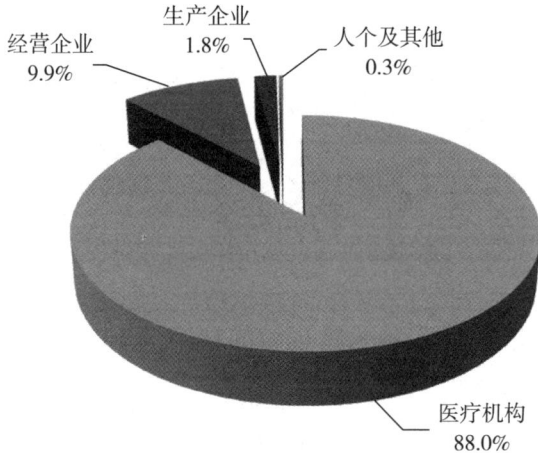

图5-3　2017年国家药品不良反应报告来源占比

2018年9月30日，国家药品监督管理局发布《关于药品上市
许可持有人直接报告不良反应事宜的公告》（2018年第66号）规
定：持有人应当健全药品不良反应监测体系。上市许可持有人是药
品安全责任的主体，应当指定药品不良反应监测负责人，设立专门
机构，配备专职人员，建立健全相关管理制度，直接报告药品不良
反应，持续开展药品风险获益评估，采取有效的风险控制措施。上
市许可持有人制度要求上市许可持有人主动承担药品不良反应/事
件监测和报告义务，但是上市许可持有人绝不是报告的中转站，如
果把上市许可持有人定位为中转站，就可能以没有接到报告为由推
卸报告责任。

上市许可持有人直接报告制度尚未开始实施，有专家和业内人

士担心未来医疗机构不再报告药品不良反应，会导致报告数量急剧下降，削弱药品不良反应/事件的监测报告力量。实际上，《药品管理法》修订中仍然保留医疗机构报告途径，与此同时，强化上市许可持有人直接报告不良反应的义务。在上市许可持有人直接报告制度实施后，报告途径、报告范围、报告要求均发生变化，上市许可持有人必须履行主动监测和报告义务。

在报告途径方面，国家药品不良反应中心的自发报告系统和上市许可持有人直接报告系统同时运行（图5-4），如何避免重复报告是未来政策中应该明确的关键问题。

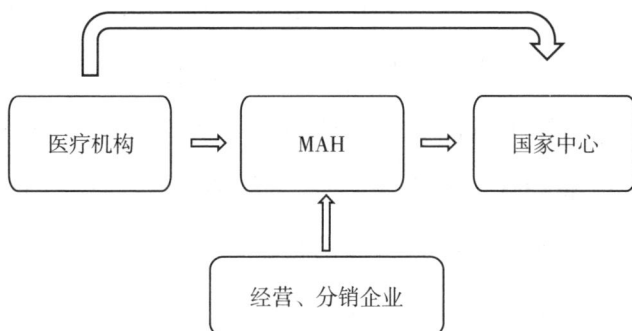

图5-4 上市许可持有人直接报告不良反应制度下的报告路径

在报告范围方面，从药品不良反应报告扩展为药品不良事件报告。不仅关注合格药品正常用法用量下出现的反应，也包括产品质量问题，用药差错（Medication Error），患者依从性问题等不良事件均应纳入药物警戒的报告范围。ICH E2D要求特殊情况也应当报告，包括妊娠或者哺乳期的用药，儿童或者老年人群体用药，药物过量、滥用、误用、用药错误或者职业暴露，缺乏疗效（仿制药与原研药不等效）等。上市许可持有人直接报告制度的顺利实施还有赖于打消报告顾虑。不良事件是在用药患者中发生的任何不利的医学事件，可以是与用药在时间上有关联的任何不利的和非预期的体征（如异常实验室结果），症状或者疾病，它并不一定与用药有因果关系。普通公众往往认为药品不良事件就是药品引起，这种认知是完全错误的，由于患者有很多背景疾病，也可能导致不良事件的发生，因此单个患者报告很难确认因果关系。

在报告要求方面，要分清轻重缓急。对于严重和非预期的不良事件应尽可能（as Soon as Possible）地快速报告，不能迟于上市许可持有人发现或获知信息后 15 个日历日。严重的、非预期的不良事件属于新的安全性信息，这类信息可能影响药品已知的风险获益平衡，应该予以关注。而已知风险如果也纳入快速报告范围，则可能对信号检测造成干扰，同时也增加企业的报告负担。

在报告时限要求方面，上市许可持有人首次接到符合最低标准和快速报告标准的病例报告的这一天为第 0 天，不迟于 15 个日历日向药监部门报告。其他不良反应应该定期报告，可以采取单个病例报告或打包报告方式。报告必须符合"四个一"要素最低标准：①至少一位可识别的报告者；②一名可识别的患者；③至少一种怀疑药品（器械）；④至少一个不良反应。缺少任何一个要素，意味着该病例不完整，不符合报告标准。

在报告信息来源方面，上市许可持有人除了接受自发报告系统的信息外，也应主动检索学术文献来源的信息（通常每两周应检索一次）、其他来源的报告（投诉举报等）和来自互联网或者数字媒体（应设定检索间隔期限）的可疑不良反应相关信息，需要注意的是这些信息并不只限于国内，也包括来源于国外的信息。上市许可持有人应在对病例的随访过程中尽力开展调查，收集缺失的数据要素。对于关键信息不完整的报告，仍然应记录在药物警戒系统中，以便持续进行安全评估。初次收到可疑不良反应报告时，如果信息不完整，必要时应当对这些报告进行随访，以获取对科学评估具有重要意义的详细补充信息。对特别关注事件进行的监测，包括怀孕预期，患者死亡，新风险报告或者已知风险严重程度发生变化的病例等，尤其需要随访。

上市许可持有人应当建立药物警戒质量管理体系，确保在病例文档记录的各个阶段，如在数据收集、数据传输、数据管理、数据编码、病例确认、病例评估、病例随访、ICSR报告、调查通信和病例存档等阶段应全程留痕，完整记录，符合必要的质量标准。对上市许可持有人的上述要求就是日后监管机构对其进行药物警戒检查的内容。

（二）信号检测与解读

药物警戒中的不良事件报告数据是发现药品安全性信号的基础，而信号检测与解读则是后续风险管理计划制定的基础。长期以来，有人误认为信号即指药品与不良反应有因果关联，这种认知是错误的。我国对信号尚缺乏明确的界定，因此，很多药品损害诉讼中受害者希望用不良反应报告数据作为证据，这是当前医疗机构、制药企业存在报告顾虑的主要原因。实际上，药品不良反应报告数据和信号均不能作为损害赔偿的直接证据，因为药品与不良事件之间的因果关系并没有确定，上市许可持有人不必承认也不必否认药品和不良事件之间的关联性，单个病例不良事件是否由药品引起应进行充分的调查研究。

美国 FDA 发布的《药物警戒管理规范和流行病学指南》(2015)指出药物警戒工作主要包括安全性信号的识别和评价。安全性信号是指与某种产品使用有关的不良事件超过预期不良事件数量(基线水平)。信号可以源自上市后数据和其他来源,如临床前数据以及与同一类别药物中其他产品的相关事件。即使单独一份记录翔实的病例报告也有可能被看作一个信号,如果该报告说明再激发试验阳性,或者不用这种药物的情况下该事件的出现非常罕见,就更是一个信号。

信号一般表示需要进一步的调查研究,调查结果可能确认关联性或否定关联性。一个信号被发现之后,应当对其进行深入评价,明确该信号是否代表潜在的安全性风险,是否应当采取其他行动。从报告规范性着手,建立病例系列,对病例系列进行描述性分析,采用数据挖掘方法找出药品 – 事件组合,选择确定值得进一步调查研究的信号,并计算不良事件发生率和报告率。调查研究的方法,包括药物流行病学研究、登记系统和问卷调查。

当对一个安全性信号的评价提示可能是一个潜在的安全性风险时,建议上市许可持有人递交所有已收集的安全性信息的汇总数据分析,包括临床前发现到最新观察结果的回顾与总结,以便对药品 – 事件之间的关联性进行评价。

(三)制定风险管理计划

药品风险管理计划是申请人或者上市许可持有人在上市申请提交和上市后与上市许可相关联的风险控制计划,美国称为风险评估与减低策略(REMS),欧盟称为风险管理计划(RMP),是药品质量源于设计，药品全生命周期风险控制理念的具体化。药品安全是风险获益的平衡，药品上市审批过程中对药品风险的认识有局限性，有些风险可以在临床试验阶段识别出来，有些在药品大规模上市后才得以发现。药品风险管理计划就是要求在药品全生命周期中任何阶段发现风险因素，均应当加以控制，以便使药品达到风险获益平衡状态。

当通过监测、评价、信号解读等确认药品 – 事件存在因果关联的情况下，上市许可持有人有责任采取风险控制措施，提交风险管理计划并实施。需要特别强调的是，风险管理计划并非只在上市后提交，也可以在上市申请过程中与申请一起提交，有些风险管理计划是有条件批准上市药品的必要条件。

目前，我国主要通过修改说明书、召回撤市等控制药品风险，当前的风险控制措施基本属于被动式，只有风险发生时，才根据风险属性采取控制措施。药品风险控制措施仅干预到生产企业，对药品处方者、使用者、患者缺乏风险干预，申请人或者上市许可持有人主体地位不明，药品风险控制链条断裂。

上市许可持有人制度下，为真正体现上市许可持有人的全生命周期风险管理责任主体地位，采取全方位、贯穿整个药品使用过程、针对不同对象的风险管理计划的管理方式是未来方向。

美欧在风险管理计划制定方面，均经历了从无到有、从指南到立法的过程。风险管理计划是药品全生命周期风险控制理念的集中体现。2007 年《联邦食品和药品管理修正案》（FDAAA）授权 FDA可要求申请人开展上市后研究或者临床试验，对已知或者严重风险进行评估，提高公众对潜在严重风险的认知；要求企业在药品标签上添加新的安全性信息；在 FDA 认为药品风险管理与减低策略计划（REMS）对于确保药品获益大于风险是必要的情况下，可要求申请人在申请时或药品批准上市后提交 REMS，该法案于 2008 年 3 月正式实施。

欧盟新药物警戒指令 Dir2010/84/EU 和法规 Reg（EU）NO1235/ 2010 中要求申请人（MAA）提交的新药申请材料中要包括风险管理计划（RMP），并规定上市许可持有人无需为法规生效前已上市的每种药品制定 RMP，但如果对已上市药品风险获益平衡存在担忧时，也应当提交 RMP。

从风险管理计划的提交时间节点看，分为两种情况：第一种情况是，作为新药申请的一部分进行提交，通过对用药人群规模、所治疗疾病或者症状的严重性、用该药品治疗的预期或者实际持续时间、对药品获益的期望、已知的或者潜在的不良事件的严重性和发生率、药品是否是新分子实体等因素的综合考量来决定申请人是否应当提交风险管理计划，以确保即将上市药品的获益大于风险；第二种情况是，当监管机构发现新的药品安全性信息时，要求上市许可持有人提交一份风险管理计划。

风险管理计划是新药申请的一部分，因此，监管机构和申请人对制定该计划必要性的讨论，贯穿于整个药品审评周期之中，药品风险管理计划的必要性、合理性、充分性直接影响监管机构的上市许可决定。

审视美国和欧盟的风险管理计划，我们可以清楚地看到，风险管理计划就是对药品风险来源采取不同的针对性控制措施，包括对患者、医疗保健专业人员、流通过程参与方，药房终端的干预。对于高风险药品，可以确保在药品出厂后每一针、每一片可以追溯，对患者、处方者、调配者、经营者均可以追溯或者进行随访。欧盟的风险管理计划中还包括上市后有效性研究内容，而美国则作为独立的上市后研究要求提出。

与我国主要采用修改说明书、发布药品不良反应信息通报的风险控制措施不同，美欧药品风险控制措施更为丰富，且风险控制一定要干预到处方者和最终使用者，加强沟通、培训和教育必不可少，这是与我国药品风险控制措施要求最大的差异。在对处方者和最终使用者的干预中上市许可持有人是实施主体，监管机构监督其执行风险干预措施。通常情况下，风险控制措施主要包括用药指南和（或）患者说明书、沟通计划 / 教育材料、标签修改和包装品规限制、（销售者、处方者、患者等）登记认证注册、实施系统等。

仿制药需不需要提交风险管理计划？是否需要与原研药提交同样的风险管理计划？由于仿制药质量和疗效与原研药一致，仿制药可以跟随申请人提交相同的风险管理计划，或者简化提交风险管理计划。以美国为例，在仿制药申请（ANDA）中提交 REMS，则 REMS 内容仅需包括用药指南或者患者说明书、确保安全使用要素。与新药申请不同，ANDA 中沟通计划不是由申请人执行，而是由 FDA 与医疗保健专业人员沟通药品风险相关信息。当原研药未在专利保护期内，并且不会过度增加医疗保健专业人员和患者的负担时，仿制药申请人可以与原研药使用一个单一共享系统。

截至 2016 年 7 月，美国仍保留的已批准的单一 REMS 和单一共享系统 REMS 分别有 75 和 6 个。具有单一共享系统 REMS 的药品分别为治疗阿片类药物依赖的经黏膜吸收的丁丙诺啡药物（BTOD）、异维 A 酸、霉酚酸、黏膜速释芬太尼（TIRF）、氯氮平、缓释或者长效阿片类镇痛药。

风险管理计划的制定、实施和评估是一个完整的过程，监管机构通常对计划执行效果进行监督，以确定计划设计的有效性，便于日后调整和改进，甚至在药品风险得到有效控制的情况下，免除继续实施风险管理计划的要求。

（四）定期风险获益评估

《药品不良反应报告与监测管理办法》（2011 年）规定，药品生产企业应当对本企业生产药品的不良反应报告和监测资料进行定期汇总分析，汇总国内外安全性信息，进行风险和效益评估，撰写定期安全性更新报告（Periodic Safety Update Reports，PSURs）。2012 年 11 月 15 日 ICH 发布并推荐 E2C（R2）定期风险获益评估报告（PBRER）指南。随着科技的进步，监管机构对定期安全性报告的认知在逐渐变化，PSUR 逐渐被定期风险获益评估报告（Periodic Benefit Risk Evaluation Reporting，PBRER）所代替。

传统的 PSUR 是指对药品的风险获益平衡所做的阶段性评估，并由上市许可持有人在上市后特定时间点提交的药物警戒文件，其关注的重点是患者用药时所产生的安全性新信息。而 PBRER 则引入了全新的概念及原则，从以往阶段性的安全性报告转向累积性的风险获益评估报告，其主要目的在于对药品新出现或者突发风险信息及已批准适应证的获益信息进行全面、简明、严谨的分析，进而对药品整体风险获益特性进行综合评估。其突出特点是获益与风险评估并行，特别是当药品风险发生重要改变时，从获益角度考虑最有意义的风险，而不是所有风险。因此，PBRER 与 PSUR 相比更侧重获益方面。此外，在对新信息重视的同时也提高了对累积性信息的重视，全面安全性评价及风险获益综合性评估将累积性信息考虑在内，对安全性新信息的评估是在药品全球首次批准上市日或者全球首次临床试验批准日以来获取的累积有效性 / 效果信息的基础上开展的。PBRER 与风险管理计划（RMP）紧密相连，二者是两种主要的药物警戒文件，PBRER 中所评估的风险将会在 RMP 中进行管理。

上市许可持有人提交 PBRER 报告的频率通常取决于监管机构和上市许可持有人对产品上市时间以及对产品风险获益特性的认知。若产品已上市多年，且其风险较小，则可适当延长报告期，减少报告频率。但当上述产品的临床使用发生变更时（如新增适应证），则应依情况增加报告频率。对新批准上市的产品，通常规定上市后两年内每 6 个月提交 PBRER 报告，上市超过 2 年以上的药品间隔 6 个月以上的倍数期限提交。PBRER 中无相应新信息的部分可在下一次报告中再次使用。经评估，若内容与已有信息相同，则可决定累积性数据评估的相应部分无需更新。

相对于以往的 PSUR，欧盟将不再要求"低风险"的产品提交 PSUR。对仿制药、安全特性比较稳定的成熟药品（Well Established Drug）、顺势疗法药品以及草药不再要求提交 PSUR，仅在产品出现新的风险或者缺少相关信息时需要提交。此外，欧盟还将制定需提交 PSUR 的活性成分清单，清单中同时列出相关产品首次获得上市批准的时间及监管机构规定的提交频率。

我国上市药品多为仿制药，且我国要求对仿制药、OTC 药品

均需提交 PSUR，针对上述情况有必要进一步研究，以便确定全部
提交 PSUR 的必要性，并考虑是否也应有针对性地制定一个需提交
PSUR 的活性成分及相关药品的清单，以减少企业的报告负担，使
资源得到合理分配①。

定期风险获益评估的理念与我国的药品上市后再评价、新药监
测期等制度本质理念是一样的，在未来制度制定过程中应注意不同
制度的整合，对不同的产品采取不同的风险管理措施。

五、说明书修订义务

（一）说明书中安全警示性内容及时修订

药品说明书是药品安全使用信息的重要载体，是药品研发阶段
和使用阶段确定下来的所有有关安全性、有效性信息的直接来源。
药品说明书是具有法律效力的药品使用说明文件，包含药品安全
性、有效性的重要科学数据、结论和信息，是临床医师和患者安全
有效使用药品的重要指导性文件，同时也是合理用药和药品不良反
应（ADR）监测的重要参考资料。

《药品注册管理办法》规定申请人应当跟踪药品上市后的安全
性和有效性情况，及时提出修改药品说明书的补充申请。按规定变
更药品包装标签、根据国家食品药品监督管理局的要求修改说明书

---

① 袁丽，杨悦.ICH E2C（R2）定期风险 – 效益评估报告指导原则简介及启示 [J]. 中国
药物警戒，2013，10（11）：650–653.

等的补充申请，报省、自治区、直辖市药品监督管理部门备案。这里规定"根据国家食品药品监督管理局的要求修改说明书等的补充申请"作为限制性条件，属于"责令修改说明书"的被动修改监管模式，而对申请人主动发起的说明书修订未做明确要求，变更路径不够清晰，说明书内容修订不及时。

《关于印发药品上市许可持有人制度试点方案的通知》规定试点品种药品的说明书、包装标签中应标明上市许可持有人信息、生产企业信息等。上市许可持有人制度下，上市许可持有人的重要义务之一是药品说明书的及时修订，特别是对安全性警示性内容的修订，未来应建立促进上市许可持有人主动修订说明书内容的动力机制。

⌗ 延伸阅读

赛可瑞说明书修订

以辉瑞制药公司（Pfizer）于 2011 年 8 月 11 日在美国批准上市的赛可瑞为例，该药物在美国通过加速审批上市，在风险方面还存在许多未知，随着药物上市后使用人群的增多以及企业开展的相关试验，企业对说明书信息不断完善，自上市以来先后主动修改了 14 次说明书，在 14 次的修改过程中不仅完善了相关试验数据，还通过调整用词以增强表达的严谨性，突出警示性信息。该药于 2013 年 1 月 22 日在中国上市，至 2017 年底修订 6 次说明书内容。

（二）说明书修订遵照特定变更程序

说明书修订程序是采取审批程序，还是备案程序？其核心是谁对药品说明书内容负责，审批制意味着"监管机构对说明书内容负责"，在药品上市许可批准前对说明书内容的核准就属于这样的过程，在药品上市后上市许可持有人掌握更为全面的、新的安全性有效性信息和数据，说明书修订的主动权应当还给上市许可持有人，同时也保留监管机构责令进行药品说明书修订的权力。药品说明书修订程序设定应当具有充分的灵活性，允许申请人主动修订说明书，特别强化对警示性内容的及时修订要求。

药品和生物制品标识变更应纳入补充申请办理，分为重大变更、中等变更和微小变更三种类型，分别适用审批程序、备案程序和年度报告程序。

需要特别注意的是，对于增加警示性内容的变更应当适用于备案程序，包括增加或者加强禁忌证、警告、预防措施或者不良反应的标识变更，增加或者加强药物滥用、依赖性、心理效应或者超过剂量的声明，增加或者加强药品安全使用的用法用量指导的变更。这样规定可以理解为，避免上市许可持有人以未经 FDA 批准为由延迟或者拒绝警示性内容的变更，也为日后患者以上市许可持有人隐瞒警示性安全性信息而造成伤害为由提起民事诉讼提供法律程序上的保障。在某种意义上，这是鼓励上市许可持有人主动修订药品说明书中警示性内容信息的动力和制约机制关键所在。

编辑或者类似的微小变更、描述性信息变更或者不涉及剂型和剂量的变更属于微小变更，在年度报告中提交即可，例如：①只变更包装或者容器标签的排版，不改变标识内容；②编辑变更，例如增加销售商的名称；③标识的外文版本，并不改变标识的内容；④变更标识以符合官方文件（例如药典）的要求。

除上述说明书警示性内容变更和微小变更外，应适用于重大变更审批程序。

仿制药的标识变更应当给予特殊考量，其基本原则是，仿制药标识应当与原研药标识保持一致，在原研药标识修订后，仿制药须跟进修改，但原研药说明书中具有知识产权保护的内容除外。

六、药品追溯与召回义务

（一）建立供应链追溯体系

2018 年 8 月，国家药品监督管理局就《关于药品信息化追溯体系建设的指导意见（征求意见稿）》公开征求意见，为贯彻落实《国务院办公厅关于加快推进重要产品追溯体系建设的意见》（国办发〔2015〕95 号）、《食品药品监管总局关于推动食品药品生产经营者完善追溯体系的意见》（食药监科〔2016〕122 号），进一步推进药品追溯体系建设，建立来源可查、去向可追的药品信息化追溯体系。

药品追溯体系的核心是落实企业主体责任。药品上市许可持有人（包括持有药品批准文号的药品生产企业）、经营单位、使用单位通过信息化手段建立药品追溯系统，及时准确地记录、保存药品流向信息，形成互联互通药品流向信息数据链，实现药品流通全过程来源可查、去向可追；有效防范假劣药品进入合法渠道；确保发生质量安全问题的药品可召回、责任可追究。

以实现"一物一码，物码同追"为方向，构建全品种全过程药品信息化追溯体系，健全药品信息化追溯标准规范，强化追溯信息互通共享。

药品追溯体系的建设体现社会共治。药品生产、流通和使用等环节共同建成覆盖全过程的药品追溯系统。药品监督管理部门的监管信息化水平和监管效率逐步提高，行业协会积极发挥药品信息化追溯体系建设的桥梁纽带和引领示范作用，社会公众对药品信息化追溯的认知度稳步提升，实现药品追溯信息可自主查验。

随着药品供应链全球化，对药品的追溯不仅要关注最终制剂，更应关注原辅料包材，以及原辅料包材的前端粗品加工环节，例如明胶加工、原料粗品加工等环节，未来的药品追溯体系转化为供应链追溯体系更为合适。

（二）缺陷药品召回

2007 年 12 月 10 日，国家食品药品监督管理局正式发布《药品召回管理办法》（局令第 29 号），规定药品召回，是指药品生产企业（包括进口药品的境外制药厂商，下同）按照规定的程序收回已上市销售的存在安全隐患的药品。根据药品安全隐患的严重程度，药品召回依据危害程度由高到低可分一级召回、二级召回、三级召回。在原来的召回制度下，生产企业是召回的主体，经营企业和使用单位具有配合召回的义务。召回药品的生产企业所在地药品监督管理部门负责药品召回的监督管理工作，其他省、自治区、直辖市药品监督管理部门应当配合、协助做好药品召回的有关工作。

从上市许可持有人是药品全生命周期责任主体的地位上看，药品召回也应当是上市许可持有人承担的主要义务，但药品召回涉及复杂的药品流通链条，该过程的参与者应当配合上市许可持有人实施药品召回。

确认召回责任主体地位，就是确认谁负责发起召回？发起召回的一方应是控制召回效果和召回进度的一方。如何确定谁发起召回，美国和欧盟采取了不同的规定，美国对发起召回方采取宽泛界定方式，给予药品供应链上的责任方更多自主权，而欧盟则强调由上市许可持有人发起召回，生产商和分销商配合实施。

延伸阅读

美国 FDA 的召回规定

美国 CFR 规定药品生产商（Manufacturer）、进口商（Importer）、分装商（Repacker）和分销商（Distributor）应当在药品存在潜在危害时自愿召回，或者 FDA 在紧急情况下责令召回。要求决定召回的企业应当与 FDA 的区域办公室联系，上报召回药品信息、召回企业的名称（名称、地址、类别）、生产商信息（名称、详细地址、登记号）、对违法或者出现问题负责的公司名称（名称、地址），在某种意义上讲，上报给 FDA 的召回企业、生产商、负责企业可能不是同一个单位，但谁更有利于快速实施召回谁就是发起方，在不同的区域召回发起方可能是不同的公司。发起召回的公司应当与 FDA 的区域办公室联系，FDA 分配召回联络官监督召回进展。

我国未来的《药品管理法》也可采用类似欧盟的模式，明确规定召回发起方是上市许可持有人，生产企业和分销企业配合召回。

在药品上市后召回监管方面需要关注以下几点。

第一，召回一定要通知到销售者和消费者。召回能否有效实施，取决于药品购买者能否获得召回信息。因此，召回发起方一定要采取各种措施发布召回信息，特别是要在召回通知中明确召回的层级，如果药品已经在零售层面销售，则一定要在零售层面召回。

第二，召回信息一定要由监管机构官方发布，同时企业官网、新闻媒体等渠道也应当发布，以扩大召回信息的受众范围。召回信息除说明药品基本信息、召回原因、风险评估、召回途径、退款流程之外，还应当特别强调是召回的影响和医疗对策建议。召回信息发布应当具备历史性查询功能，召回结束后也应当发布召回结束官方信息。

第三，上市许可持有人应当向监管机构提供召回效果评估报告。报告内容包括：召回有效性评估；召回情况说明：通知消费者日期、通知消费者数量、收回召回药品的数量和召回有效的详情情况说明；召回原因的深入分析；纠正问题和预防类似情况再次发生的措施；召回结束报告：预期所有消费者已经获得通知，对召回药品已采取恢复、纠正、调整和销毁等措施。监管机构根据上市许可持有人提交的召回结束报告发布召回结束决定通知。

第四，引入预防性召回制度。在药品缺陷尚未造成危害后果的情况下，上市许可持有人就应当发起预防性召回。通常情况下，上市许可持有人在内部自检等环节发现潜在风险，即使药品检验合格，但仍存在其他药品风险时也应当发起召回。

上市许可持有人制度下的召回不是一种惩罚性措施，是上市许可持有人为避免缺陷产品危害扩大，减少损失而采取的风险控制措施，是上市许可持有人主动承担法律责任和社会责任的积极行动之举。通常情况下，主动召回可以免除或者减轻处罚，但如果上市许可持有人拒绝或者拖延主动召回引发监管机构责令召回时，上市许可持有人则要面临严厉的处罚。

召回也是上市许可持有人预防损失出现、扩大、纠正问题的必要程序。在发达国家，监管机构较少采用查封扣押的方式，在药品可能存在潜在危害时，上市许可持有人采取主动召回行动，在监管机构尚未来得及彻底查清问题根源的情况下，对缺陷产品停止销售、召回，以避免危害扩大。同时，召回程序也给上市许可持有人补救的机会，有些召回产品并不是不可修复的，如说明书等标识修改后，重新投放市场；又比如药品给药装置失灵，可以更换给药装置的部件然后投放市场；有些存在质量缺陷的产品则是不能够重新投放市场的，应当予以销毁。在企业主动召回过程中，要向监管机构提供药品检验证明，监管机构也可以同步采取抽样、检验等方式，必要时采取查封扣押措施，同时要求上市许可持有人不能随意销毁药品，避免因上市许可持有人销毁召回药品灭失违法证据。

七、损害赔偿义务

（一）依法赔偿对药品使用者的损害

《药品管理法》第九十二条规定，药品生产企业、经营企业、医疗机构违反本法规定，给药品使用者造成损害的，依法承担赔偿责任。

《民法总则》第一百七十六条规定，民事主体依照法律规定和当事人约定，履行民事义务，承担民事责任。

药品上市许可持有人制度实施后，在药品标识中标注上市许可持有人名称等详细信息，视同生产者，药品上市许可持有人应该依法承担产品责任。主要依据的法律除了《药品管理法》《民法总则》外，还包括《侵权责任法》《产品质量法》等。

《侵权责任法》规定，因产品存在缺陷造成他人损害的，生产者应当承担侵权责任。因销售者的过错使产品存在缺陷，造成他人损害的，销售者应当承担侵权责任。销售者不能指明缺陷产品的生产者也不能指明缺陷产品的供货者的，销售者应当承担侵权责任。《侵权责任法》并未对缺陷进行明确界定，目前，《产品质量法》第四十六条规定，缺陷是指产品存在危及人身、他人财产安全的不合理的危险；产品有保障人体健康和人身、财产安全的国家标准、行业标准的，是指不符合该标准。

因产品存在缺陷造成损害的，被侵权人可以向产品的生产者请求赔偿，也可以向产品的销售者请求赔偿。产品缺陷由生产者造成的，销售者赔偿后，有权向生产者追偿。因销售者的过错使产品存在缺陷的，生产者赔偿后，有权向销售者追偿。

因运输者、仓储者等第三人的过错使产品存在缺陷，造成他人损害的，产品的生产者、销售者赔偿后，有权向第三人追偿。

因产品缺陷危及他人人身、财产安全的，被侵权人有权请求生产者、销售者承担排除妨碍、消除危险等侵权责任。

产品投入流通后发现存在缺陷的，生产者、销售者应当及时采取警示、召回等补救措施。未及时采取补救措施或者补救措施不力造成损害的，应当承担侵权责任。

明知产品存在缺陷仍然生产、销售，造成他人死亡或者健康严重损害的，被侵权人有权请求相应的惩罚性赔偿。

《产品质量法》规定，因产品质量发生民事纠纷时，当事人可以通过协商或者调解解决。当事人不愿通过协商、调解解决或者协商、调解不成的，可以根据当事人各方的协议向仲裁机构申请仲裁；当事人各方没有达成仲裁协议或者仲裁协议无效的，可以直接向人民法院起诉。

上市许可持有人应该认识到药品行业是高风险行业，损害赔偿能力是自身必备能力，当发生药品损害时，应依法主动承担损害赔偿责任，同时捍卫与药品使用无关原因引起损害赔偿诉讼的请求。

（二）购买保险等途径分担自身风险

药品行业是一个高风险行业，也是一个需要分担风险的行业。对于药品企业来说，从研发到上市任何阶段都面临风险，需要有一定的风险承受能力和风险分担能力。对于申请人和上市许可持有人，其自身承担的商业风险虽然不属于监管机构关注的范围，但其产品以及产品生产经营活动中可能对受试者和患者、消费者带来潜在风险，甚至损害或伤害，上市许可持有人是否具备相应的损害赔偿能力，是现阶段药品监管部门需要关注的。

在制药行业，申请人或者上市许可持有人的自身风险承受能力与其产品类型、市场地位、利润水平、现金流等有直接的关系，通常情况下，企业规模越大，历史越长，经营越稳定，利润水平越高其风险承担能力越强，反之则越小。

从药品监管的角度讲，上市许可持有人制度对个人财富或者企业规模并无歧视性，但要考虑各类不同类型的上市许可持有人在未来药品上市后的风险承担能力。因此，我国规定对上市许可持有人资质进行审核时关注其风险承担能力的证明。

在我国中小企业发展得到政府的高度重视和鼓励。2009 年 9 月 19 日，国务院《关于进一步促进中小企业发展的若干意见》指出"进一步营造有利于中小企业发展的良好环境，切实缓解中小企业融资困难，加大对中小企业的财税扶持力度，加快中小企业技术进步和结构调整，支持中小企业开拓市场，努力改进对中小企业的服务等八项重要措施。"在这些支持性政策下，中小企业的风险承担能力将大大增强。中小企业能否成为上市许可持有人更多的基于其自身对上市后义务承担和风险承担能力的客观判定，既不应盲目铤而走险，也不过分低估中小企业作为上市许可持有人的潜能，这样才能发挥市场在药品创新中的支配地位。

药品上市许可持有人制度并不是鼓励非生产企业成为持有人，因为不是所有的非生产企业（研发机构等）都可以成为上市许可持有人，申请人应判断自身是否具备成为上市许可持有人的能力，不要为了商业利益链而走险。

　　购买商业保险是申请人和上市许可持有人分担风险的重要方式。国际上，制药企业购买商业保险已经是商业惯例，主要险种包括临床试验责任险、产品责任险等。在上市许可持有人制度实施前，我国企业购买商业保险的还相对较少，企业整体风险分担能力较低。

　　在上市许可持有人试点期间，部分省份开展试点配套的商业性保险鼓励性措施，帮助申请人和申请上市许可持有人购买商业保险，以便符合上市许可持有人条件，并分担企业风险。例如：上海市引入国际化的保险公司制定产品责任险、临床试验责任险、错误与疏漏责任险在内的一揽子商业责任险方案，可以定制附加产品召回等多项条款，建议年投保额度低于 500 万元，保费约为 1.5~3.5 元 /1000 元销售额（产品责任险和错误疏漏责任险）或者 350~500 元 / 人（临床试验责任险）。上海市张江高科技园区管理委员会出资设立 5000 万元额度的专项风险保障基金，对注册在张江高科技园区核心区的上市许可持有人和受托生产企业提供风险救济保障，对可能出现的风险进行先行理赔，并为企业购买商业保险提供 30%~50% 的保费补贴。江苏省泰州医药高新区为园区购买商业保险上市许可持有人提供补贴，额度为商业保险和担保费用的 60%。

　　上市许可持有人制度的试点使我国的药品商业保险市场逐渐活跃起来，申请人或者上市许可持有人购买商业保险将成为未来重要的风险分担方式。

　　除以上风险分担方式外，申请人或者上市许可持有人还可以通过信用担保等方式分担风险，提供自身风险分担能力。

📎 **延伸阅读**

万络事件的赔偿与补偿

　　药物创新面临很高的风险，创新药企业必须具备风险承担能力。2005 年 7 月，全美"万络"首起诉讼在德克萨斯州地方法院开庭审理，最终以美国默克公司（默沙东）败诉结案，"万络"诉讼由此展开。截至 2007 年 9 月 30 日，美国默克公司面临的万络诉讼案达 2.66 万宗。2007 年 11 月 9 日，美国默克公司用 48.5 亿美元建立 2 个以上的基金，庭外和解万络诉讼案。投资者也认同美国默克公司的这一和解决定，在和解协议宣布后，公司股价上升近 5 个百分点。

　　美国默克公司之所以有能力支付如此巨额的赔偿款，是因为公司的良好的经营业绩和投保产品保险作支撑。仅在 2004 年，美国默克公司宣布全球召回"万络"后，2004 年第三季度公司利润大幅下滑至 13.3 亿美元，与 2003 年同期的 18.6 亿美元相比降幅达 29%。即便业绩如此下滑，美国默克公司的全年利润达百亿美元。美国默克公司还投保了商业性产品责任保险，据称仅 2003 年保额就高达 6.3 亿美元。另外，美国规定的产品责任赔偿金免税制度也减轻了美国默克公司的赔偿压力。

　　政府还可以针对无明确责任人或者责任人无赔偿能力，以及无过错损害赔偿等建立损害赔偿基金，以补偿严重不良事件造成的患者伤害。

除上述药品上市许可持有人的义务以外，还包括其他法律法规规定的义务，如变更报告义务、接受检查义务、质量标准提高义务等。

～＝ 要点回顾 ＝～

药品上市许可持有人依法承担上市前后药品安全性有效性保证义务。这些义务包括提交申请时的数据可靠性保证义务、临床研究时的风险控制义务、药品质量保证义务、药物警戒和风险管理义务、说明书修订义务、药品追溯和召回义务、损害赔偿义务。

此外，还有很多其他义务依具体的法律规定而定，如变更报告义务、接受检查义务、质量标准提高义务等。

药品上市许可持有人一定要理解药品的风险，持续监测、评价、控制药品风险，维持药品风险获益平衡，在潜在损害风险出现或损害事件发生时，采取召回等措施主动控制产品，避免或降低危害，依法给予患者赔偿和补偿，并提前采取购买保险、担保等风险分担措施，履行和信守上市申请时的保证和承诺，不生产假劣药品，承担各项应尽的义务。

第六章

监管

治理的本质在于，它所偏重的统治机制并不依靠政府的权威和制裁。

——（英）格里·斯托克

上市许可持有人制度实施后，药品监管会发生哪些变化？我认为，从药品监管理念，到监管方式以及监管措施都会与以往不同。

首先，体现在监管理念方面。药品监管理念从关注企业，关注产品，转向关注公众健康，其监管目标不再是单纯地保证药品的安全，而是保护和促进公众的健康，也就是降低风险，提高患者获益。

第二，在监管方式和措施方面。监管机构必须改变以往单向式、惩戒式，重审批、轻监管模式，转变为新的、组合式，简化许可、重过程控制的监管方式，强化动态监管和信息化监管，倡导行业自律和社会共治，提高监管效率。

第三，在监管关系方面。监管机构与上市许可持有人及其合作方的关系是互动与合作的关系，而不是不信任和对抗的关系。监管的愿景是让上市许可持有人真正成为责任主体，建立不需要太多监管就能自律的行业。

一、传统监管转向治理创新

党的十八届三中全会提出，推进国家治理体系和治理能力现代化。推动国家管理向国家治理的根本性变革，意味着更加注重政府与非政府主体之间的互动与合作，要求政府提供更灵活、更多样、更智能的监管方式。

传统药品监管以行政强制力为后盾，多采用单向式、惩戒式的行政手段来达到管理目标，监管者与被监管者更像是"猫"与"老鼠"，"警察"与"小偷"的关系，监管者对被监管者不信任，被监管者与监管者形成对抗，出现越加强监管，越容易出现药品违法违规的情况。在医学和科技进步飞速发展的今天，我国的医药产业发展已经走出"假药"泛滥，市场"混乱"的初级阶段，医药产业正向重视质量与创新并重的路线高速发展，监管机构需要紧跟科技步伐，改变监管理念，创新监管方式，加强行业沟通与对话，引入不同利益相关方参与社会共治，实现药品治理创新。

现代药品监管包括信息监管、透明监管在内的新兴监管方式更加注重手段的多元协同，更加倡导创新监管工具如新工具、新标准、新方法的运用，这些监管手段在契合现代药品行业和社会发展特征的同时，也相对削弱了传统监管方式带来的一定程度上的对抗性。当前社会分工、社会结构日益复杂，药品市场全球化、药品企业全球化、药品信息化相互叠加并快速发展，也对传统市场监管形成巨大冲击。不同监管方式在达成监管目标的效率性上存在较大差异，在这种态势下，如果仅仅运用行政许可、行政处罚、行政强制等传统方式，难以达到预期监管效果，一定程度上也会对产业的创新发展造成阻滞。为此，需要寻求新的、组合式的监管工具。

简政放权、放管服改革理念已经深入药品监管领域，许可简化、强化动态检查、信息监管、供应链监管等创新监管方式得以实施或强化。

上市许可持有人制度可作为推进简政放权、放管服改革的核心制度。以往的药品监管"重审批、轻监管"，原料药、制剂、辅料、包材等单独进行管理，把药品上市过程分为临床试验审批、注册审批、进口药品审批、委托生产审批、技术转让审批，GxP认证等多个许可事项。上市许可持有人制度实施后，监管机构的监管重点是针对关键责任主体，以产品为导向，整合多个审批事项，取消部分GxP认证和许可事项，采用默示许可、后置许可、动态检查等创新监管方式，给上市许可持有人更多优化资源配置、上市许可产权转让的自主权、选择权和决定权，同时加强对上市许可持有人以及与其合作各方的全链条、全过程追溯和合规监督，必要时开展以风险为基础的检查和延伸检查，加强行业自律引导，加大处罚力度，旨在实现不需要过多监管就能自律的制药行业监管目标。

二、行政许可整合与简化

药品上市许可持有人制度实施后，临床试验审批、国产和进口药品审批整合为一个上市许可事项，委托生产审批、技术转让审批转化为生产场地变更和上市许可持有人变更补充申请进行管理。临床试验由审批制改为默示许可制不仅仅是形式上的改变，更是对临床试验本质认知更为透彻基础上的动态监管理念的转变，临床试验不应该审批，因为审批就意味着允许做完，但是临床试验随时可能出现新的风险，随时可能叫停。恰当的监管方式应该是默示许可加上动态风险控制，如临床试验的暂停、中止、终止等。

国产药品与进口药品审批的整合具有现实合理性。药品审评审批改革把新药界定为"全球新"，而药品上市作"国产"或"进口"的区分主要基于"上市时间""生产场地"的差异，当前把进口药品必须在境外已上市的限制取消，未来创新药同步研发、同步上市将非常普遍，境外生产药品与境内生产药品的差异就在于研发生产场地在境内或境外的不同，药品生产全球化是必然趋势，无论在境内还是境外研发生产，上市审评的标准是一样的，境内和境外现场检查标准也应该是一致的。

GxP认证往往作为行政许可的前置条件，在上市许可持有人制度下，也改为批准前检查和上市后的动态检查。GxP认证会造成硬件建设要求先于产品上市申请，当产品申请临床试验和上市还有很大不确定性的情况下，建一条生产线是非常大的硬件投入，改革措施就是上市申请技术审评与基于品种的场地检查相结合，上市后开展动态检查，而不再采取给企业发"好人证"的方式。实际上检查仅仅代表检查时的状况，当时检查合规，不等于证书有效期内永远合规，针对场地的检查应该是动态的，不应该是静态的。

对于原辅料和包材的监管也由单独的产品许可或备案，改为原辅料包材的登记与关联审评制度。有业内人士认为，原辅料包材管理制度改革类似于国外的DMF（药品主文件）制度，但又有一定的区别，是具有中国特色的DMF制度。也有业内人士认为，该制度是为了降低原辅料包材的审批门槛，其实这样的认知是不恰当的，原辅料包材审评审批改革更关注上市许可持有人对原辅料、包材供应商的选择权和质量体系审计和检查权，原辅料和包材的官方登记信息既可以为上市许可持有人提供可供选择的供应商列表，同时，也是对原辅料和包材供应商资质的动态监管建立历史性信息库，包含供应商的合规记录。目前，原料药登记制度仍然受到原料药生产企业要取得《药品生产许可证》的制约，未来应进一步与国际接轨。

此外，仿制药生物等效性（BE）研究由审批改备案等许可简化措施也使申请人提交仿制药上市许可申请的审批过程更加快捷和顺畅。

三、实行告知承诺制

告知承诺制在国内外的行政许可领域均有先例，在提高审评审批效率，改善市场环境，促进医药行业健康发展方面发挥了积极作用。

"告知"是指具有审批职能的行政机关（审批机关）将法律、法规、规章的关键法律义务、责任条款、要求等，以书面形式向申请人告示的行为。"承诺"是指申请人向审批机关作出的对该行政机关告知的事项已经知晓和理解，并保证按照法律、法规、规章以及相关条件、标准和要求履行义务，保证申报数据和资料真实可靠的书面真实意思表示。

告知承诺在药品申报临床试验和上市许可两个阶段均已有要求，申请人在提交申请数据和资料时，承诺数据真实可靠，承诺书内容应具体化到申请人应该遵守的主要法律条款和法律责任，此外，申请人在提交药品上市申请时，应当提交受托生产企业信息及药品质量安全责任承诺书。

告知承诺制的基本原则是依法定标准，企业作承诺，过程强监管，信用有奖惩。

依法定标准。对于药品监管机构而言，告知的内容均是法律法规等设定的申请人应该依法承担的基本义务，如数据可靠性保证义务、药品质量保证义务、承担药物警戒义务、召回义务等。

企业作承诺。实际执行时应该企业负责人签署承诺书，由于法律上一般会相应规定承诺人违法的资格罚责任，因此，承诺书在某些时候可作为对承诺签署人处以资格罚的主要证据材料。承诺仅仅作为审批决定的一个参考，实际行政许可是否被批准并不因承诺的存在降低要求。

过程强监管。在药品申请审评和批准上市后，监管机构对申请人、上市许可持有人、场地所有人等以风险为基础进行全流程、全供应链的监管和检查，加强过程管控。

信用有奖惩。对未按承诺规定或审批要求履行药品安全性有效性保证义务的申请人、上市许可持有人，依照法律、法规、规章进行处罚、并追究申请人、上市许可持有人、合同研究单位、受托生产企业和其他相关方的责任。将上述承诺人未落实承诺的行为信息、违法违规行为信息依法纳入诚信记录、黑名单等，并向社会公开披露。

四、强化境内外检查

在药品上市许可持有人制度实施后，监管机构的检查必须强化，绝不能削弱。如果简政放权、放管服改革后，在社会诚信尚未达到高标准的现实情况下，药品监督机构的检查职能如果不能得到强化，检查能力不能得到提升，那么药品安全风险将非常巨大。

2018年1月国家食品药品监督管理总局发布《药品检查办法》征求意见稿，明确规定药品检查是食品药品监督管理部门为保证药品的安全性、有效性和质量稳定性，对药品研制、生产环节执行法律法规、质量管理规范、技术标准等情况进行调查处理的行政行为。检查原则为药品检查应当以风险防控为核心，遵循依法、科学、公正、公开的原则。

　　根据 2018 年国务院机构改革方案，国家药品监督管理局由国家市场监督管理总局管理。市场监管实行分级管理，药品监管机构只设到省一级，药品经营销售等行为的监管，由市县市场监管部门统一承担。中共中央办公厅、国务院办公厅《关于深化审评审批制度改革鼓励药品医疗器械创新的意见》（厅字〔2017〕42 号）规定，药品医疗器械研发过程和 GLP、GCP 执行情况，由国家食品药品监管部门组织检查。药品医疗器械生产过程和生产质量管理规范执行情况，由省级以上食品药品监管部门负责检查。药品医疗器械经营过程和经营质量管理规范执行情况，由市县两级食品药品监管部门负责检查。

　　未来的检查以上市许可持有人制度为契机，改革药品检查模式，建立以品种为基础，针对场地的检查体系，检查过程和结果以告诫信、执法报告形式公开，形成历史性诚信记录，并公开企业整改后结果，营造持续改进的检查环境。检查的类型包括批准前检查、日常监督检查（飞行检查）、事件调查性检查等等，各种检查均有明确的检查程序和要求。

　　未来的检查应以上市许可的品种为基础，在批准上市许可前对临床试验、制剂的生产场地开展检查，对原辅料、包材等开展延伸检查。对于不同检查对象，明确检查的重点和要求。建立临床试验检查专项计划，在上市许可批准前对临床试验机构、研究者（PI）、伦理委员会、合同研究组织（CRO）等开展检查。

　　由于药品监管机构属地化管理，未来检查的难点在于协调，最后检查结果的互认和共享问题。跨地区检查必须有牵头单位，检查结果必须互认，无论是否省级、市级检查，均应在国家药品监督管理局官方网站统一发布告诫信，并公布检查实施单位。

强化境内、境外检查。改变对企业的检查为对场地的检查，无论场地在境内或境外，均应接受检查。对于场地的检查发现不合规，应向场地的所有者发告诫信，对于严重违法行为，质量体系问题等实行场地禁令，进口禁令。美国的药品生产场地检查是基于六大体系的检查，即①质量体系；②设施和设备体系；③原材料体系；④生产体系；⑤包装和标签体系；⑥实验室控制体系。警告信也是按照这六大体系的检查结果来发布的，六大体系缺陷中，质量体系缺陷是最不能容忍的缺陷，很多企业因为质量体系缺陷被永久禁止进入美国市场，不会再给企业整改的机会，因为企业内部如果没有建立有效的监控系统，它生产出来的产品就是不可靠的，一旦出厂危害无法估量。

开展基于风险的原辅料场地检查。在药品批准前，各国药品监管机构会对药品上市申请中涉及的场地进行现场检查。美日欧监管机构均将原料药纳入现场检查范围，且以共同制定的 ICH Q7A《原料药现行良好质量生产管理规范》作为检查规范；在美国，药品上市前 FDA 通常不对辅料进行现场检查，除非该辅料是新辅料和（或）辅料生产过程是整个药品生产过程的关键步骤。在欧盟，当主管当局有理由怀疑 GMP 不合规时，也可对辅料生产场地进行检查；对于药包材，美国 FDA 通常不检查其生产场地，除非有特定原因，因为审核供应商是制剂企业的职责。在美国，若批准前检查中发现违规，则可对企业产品进行抽验，若批准前检查中未发现违规，通常不需要抽检。在日本，厚生劳动省可对其怀疑的产品进行抽检。

2016 年 11 月，国家食品药品监督管理总局出台了《关于进一步做好食品药品安全随机抽查加强事中事后监管的通知》，提出根据食品药品风险程度的不同，明确各类产品的必须检查项目和随机抽查项目。

正如贝克在《风险社会》中所指出，风险造成的灾难已不再局限在发生地，经常产生无法弥补的全球性破坏。身处全球化时代的"风险社会"，人类怎样才能较为有效地管理和控制各种风险，"全球治理"将是一条有效的路径。随着药品研发全球化、供应链全球化和药品监管全球化，加强国际监管合作，参与国际监管规则制定，强化境内外检查，是历史发展的必然选择①。

五、信息监管公开透明

信息监管以信息为媒介，畅通被监管对象与监管机构之间的信息交流，强化政府与社会公众的信息沟通，使公众依法知悉监管机构和被监管者的运行状况，进而强化对监管机构和被监管者的行为监督和约束。

信息监管主要包括要求相关人登记或强制披露有关信息、公布相关信息以达到监管和惩罚的目的等两个方面，前者如正逐步健全完善的信息强制性披露制度，后者如审评、检查信息公示系统等。

---

① 徐景和，杨悦.深化食品药品安全风险治理认识（上）[N].医药经济报，2017，4（24）：002.

（一）加强临床试验关键参与者信息登记或备案

以临床试验为例，《药品注册管理办法》规定，药物临床试验批准后，申请人应当从具有药物临床试验资格的机构中选择承担药物临床试验的机构。临床试验的责任主体除了申请人，还包括临床试验机构和伦理委员会，CRO 和研究者。在临床试验机构资格备案、伦理审查提前至技术审评之前的新型管理模式下，伦理委员会、研究者、CRO 要不要纳入监管机构的监管视野呢？如果不纳入监管视野，申请人与伦理委员会、CRO、研究者的责任关系在审评环节会逐渐涉及和暴露出来，影响药品技术审评、检查等的进程。美国法规规定，境内境外的 IRB 应当在监管机构官网进行注册，相当于我国的备案管理，并每三年更新注册。FDA 专门设置了针对非临床研究和临床试验的检查和稽查项目（BIMO），主要检查对象分为五类，即发起人 /CROs/ 监察人员、伦理委员会、临床研究人员、非临床试验室（GLP）和生物等效性检查。检查结果分为三类，即无需整改、自愿整改、官方行动[①]。官方行动即责任主体违法达到一定程度时，FDA 会发警告信并可能采取后续监管行动，有可能影响上市许可的批准。

（二）建立药品生产场地登记制度

未来应建立原料药和制剂生产场地登记制度。申请人提交上市申请时，需要提交生产场地的详细信息，以备监管机构对场地

---

① 王方敏，高敏洁，吴浩，等 . 药物临床试验中申办者和 CRO 的监管模式研究 [J]. 上海食品药品监管情报研究，2014，02，126：33.

实施现场检查，此外，还要列明交叉引用的原辅料包材 DMF 登记号、临床试验 IND 编号等信息，这些规定使申请人的条件不再孤立，建立与其他上市许可持有者、研发生产参与者、供应商之间的联系，便于监管机构采取后续监管行动。生产场地登记或备案模式不仅能让生产场地及其所有者和经营者纳入监管机构的视野，也把境外生产场地及其代理人纳入监管机构的视野，对备案信息实行定期更新和动态更新相结合的管理，对备案信息的真实性、准确性、有效性要求更高。信息备案在药品监管实践中广泛采用，凡是监管机构认为对后续监管必要的信息均纳入依法备案范围，但备案信息并非代表备案者资质合法，其合法性判定将由未来监督检查和执法行动等进行动态性的合法合规状态标记，并对公众公开。

在上市许可持有人制度中，药品在什么场地生产应当在何时纳入监管机构的视野？生产场地及其经营者或者所有者应当备案哪些信息，血液制品等特殊管理药品和高风险药品备案信息有何特殊要求，何时更新都应当有详细明确的规定。

📎 **延伸阅读**

行政许可的替代手段

与实现许可目标相关的替代手段包括信息登记、备案制度，但放松准入条件的同时，加强信息登记准确性的要求。

——Severin Borenstein

建立药品生产场地登记制度，就是建立药品供应链追溯体系。药品（含原料药）场地登记制度是加强过程控制的关键环节，使药品整个供应链实际参与者进入药品监管机构的视野，场地信息和提交的药品清单可为监管机构进行上市后不良反应监测、现场检查、监测进口产品等提供基本信息支持。

场地登记信息应处于持续更新和修订当中，在信息变更后应规定及时修改登记信息。生产场地的所有者或者经营者至少每年更新产品登记目录，包括新批准上市的和已停止商业销售（Discontinued）的产品信息。

（三）建立已登记原辅料包材数据库

为了及时公开已登记的原辅料包材信息，动态体现原辅料包材供应商的合规状态，以便申请人和上市许可持有人从众多供应商中优选供应商。我国应当建立已登记原辅料包材数据库，提供详实的历史性信息，该数据库应当包括登记号、类型（原料药、辅料或者包材）、原辅料包材名称、生产企业名称、地址、有效性状态等基本信息。规定相关信息更新周期，供应商未及时更新相关信息的，登记信息将失效，并予以标记。

原辅料包材实行登记制度后，监管机构面临新的挑战，面对复杂的供应链和监管环境，原辅料、包材供应商水平和能力参差不齐，可能有化工企业登记相关产品信息，未来对这类供应商的监管必须强化场地检查，通过历史性的监管合规信息建立供应商诚信体系。同时，上市许可持有人加强对供应商选择前的质量体系审计和现场检查，必要时延伸检查供应商的前端粗品加工环节，以确保供应商与制剂生产的质量体系保持一致，保证原辅料包材质量，提高药品制剂质量。

原辅料包材登记关联审评制度建立了以上市许可持有人为责任主体，原辅料和包材供应商分担质量责任的双重责任追溯体系，具有保护技术秘密、利于审评科学性等多项优点，有利于药品供应链质量保证。

原辅料包材品种繁多，试想上市许可持有人和制剂企业如何从琳琅满目的原辅料包材供应商中选择合适的供应商呢？截至 2016 年 12 月 31 日（图 6–1），FDA 官网公布的已备案 DMF 共有 29989 份，其中处于“活跃”（标注“A”）状态（即可被制剂企业选择使用）DMF 有 14365 份，仅为 47.9%，占比不到 50%，可以想象监管机构已经通过形式审查、持续更新要求和场地检查剔除了绝大部分不适于制剂选用的供应商。在众多的 DMF 中，那个序号为 8 的Ⅳ型辅料 DMF 异常醒目，该 DMF 于 1950 年 1 月 1 日提交，仍处于“活跃”状态，上市许可持有人为伊士曼化学公司（Eastman Chemical Company）。

	A	B	C	D	E	F
1	2Q2016EXCEL					
2	DMF#	STATU	TYPE	SUBMIT DATE	HOLDER	SUBJECT
3	0	I	II	2/8/1981	HEXCEL CHEMICAL PRODUCTS	CPC
4	1	I	III	11/4/1947	ROHM AND HAAS CO	LETHANE 384 SPECIAL
5	2	I	II	5/8/1943	MONSANTO CO	SUCCINYL SULFATHIAZOLE
6	5	I	II	1/1/1940	NATIONAL RESEARCH COUNCIL	PENICILLIN
7	7	I	II	6/19/1943	WF STRAUB AND CO	HEXESTROL
8	8	A	IV	1/1/1950	EASTMAN CHEMICAL CO	C-A-P(TM) CELLULOSE ESTER, NF (CELLACEFATE)
9	9	I	II	2/20/1944	NATIONAL RESEARCH COUNCIL	GELATIN & OTHER BLOOD SUBSTITUTES
10	11	I	II	3/12/1944	ROHM AND HAAS CO	HYAMINE X (QUATERNARY AMMONIUM CHLORIDE COMPOUND)
11	12	I	II	2/21/1947	NATIONAL RESEARCH COUNCIL	BAL IN OIL
12	13	I	II	1/1/1945	YEAST PRODS INC	RIBOFLAVIN, ACETYLATED
13	16	I	II	9/1/1947	VETERANS ADMINISTRATION	STREPTOMYCIN
14	17	I	II	1/1/1940	PENICK CORP	TYROTHRICIN
15	19	I	II	1/1/1940	ABBOTT LABORATORIES PHARMACEUTICAL PRODUCTS DIV	THIOURACIL
16	21	I	II	11/3/1947	MERCK AND CO INC	NITROGEN MUSTARDS
17	22	I	II	7/30/1946	DEPT DEFENSE	PROTEIN HYDROLYSATES
18	23	I	II	6/2/1946	LEDERLE LABORATORIES DIV AMERICAN CYANAMID CO	STERILE FILLED PHARMACEUTICAL PREPARATIONS
19	24	I	II	3/22/1946	JOHNS HOPKINS HOSP	P-ARSENOSOPHENYLBUTYRIC ACID
20	25	I	II	9/12/1946	ABBOTT LABORATORIES PHARMACEUTICAL PRODUCTS DIV	VITAMIN K, "HYKIMONE" (ABBOTT)
21	26	I	II	1/1/1946	CINBERG B L MD	PROGESTERONE
22	28	I	II	9/3/1946	BOOTS FLINT INC SUB BOOTS CO USA INC	"AMINO ACIDS"

图 6–1 美国 FDA 公布的 DMF 登记的供应商

在某种程度上，"带有状态标记的"原辅料包材登记数据库还起到一个供应商诚信记录的关键作用，可以给申请人或者上市许可持有人进行供应商选择提供可靠的基本信息参考。

（四）建立监管信息公开制度

2017年12月国家食品药品监督管理总局下发《食品药品安全监管信息公开管理办法》，要求药品监督管理部门公开行政审批信息、产品备案信息、日常检查及飞行检查结果信息、监督抽验信息、行政处罚决定信息、召回信息等。

监管信息公开应该注意处理好即时公开与历史性记录的关系。上市许可持有人制度下，应建立信息公开的历史性数据库，对行政许可类信息、检查和执法类信息、处罚及资格罚信息、黑名单信息、召回信息等应建立永久公开检索和列表，对于已经结束和失效的信息应该予以标记。以黑名单列表为例，目前国内的操作多是即时性发布，过后再查只有上百度等搜索引擎查询的途径，无法在政府官方网站查阅，这样不利于监管机构和上市许可持有人限制纳入黑名单者再次进入药品生产经营领域，也不利于社会监督。

（五）加强药品风险沟通

当今时代的药品监管仅仅依靠单向的信息发布，无法确保公众理解监管机构的意图，由于公众对药品安全和风险的理解和经验与监管机构、企业不同，容易出现正常信息公开的同时，出现误解、质疑、担心和恐慌，最后导致不可预料的危机事件。

上市许可持有人制度下，监管机构与上市许可持有人、利益相关方的关系，从"对立"或"对抗"走向"合作"与"沟通"，监管机构必须要从公众角度去考虑信息公开后受众的可理解性和可接受度，提前设计好科学的沟通模板、内容。

药品风险信息主要包括药品说明书信息及更新、新出现的药品安全信息、召回信息、告诫信信息等，这些信息的发布应建立单独网页，固定发布途径和查阅检索网址，便于公众随时获取。在安全信息内容设计上应包括背景、风险、获益、危害及潜在影响、医疗对策、不确定性声明、企业和产品信息等完整沟通要素，尽量使用科学数据和证据，在没有确切结论以前尽量减少决断性和结论性语言出现，避免误解。

药品风险沟通必须要提前到药品风险信息获取后尚未确认之前进行。从公众安全和患者获益作为基本出发点，有时信息发布会对企业造成损失，应在新的风险信息出现后立即与上市许可持有人及相关合作方进行风险沟通，在发布风险沟通信息前 24 小时通知到与此有关的各方，以便做好信息补充和完善工作，但不影响风险信息的及时发布，后续公布调查进展等补充性信息，风险沟通持续进行。

国家药品监督管理局应该在药品风险沟通方面加强科学指导、能力提高和法规制定，以最权威的官方风险获益信息主导公众认知，而不是让公众被小道消息和误导性解读信息所左右，避免正常药品安全信息发布转变为公共危机事件。

六、引入社会共治机制

药品安全拥有最广泛的利益相关者，但如何建立起最紧密的命运共同体，还需要多方面进行深入的研究和探索。应当看到，药品安全社会共治的理念已经形成，但更为艰巨的任务是如何建立行之有效的制度机制使这一理念真正落实。坚守药品安全社会治理，需要妥善处理以下两个重要关系①。

首先是政府治理、企业治理与社会治理的关系。

各级政府对辖区内的药品安全负总责。政府在药品安全保障方面面临着越来越严峻的挑战。在药品安全治理体系中，由于政府是公共利益的忠实代表，所以，政府治理往往被认为是最权威、最坚决、最公正的治理。

药品上市许可持有人等对药品安全负主体责任。只有企业才有能力对其生产经营活动全面掌控，采取更加有效的措施控制各种风险。药品企业的风险意识、责任意识直接影响乃至决定着企业的食品安全状况及生存发展，直接影响药品安全的社会环境。如果没有药品企业建立起规范有效的质量管理体系，即便再完善的政府外部监管也难以取得理想的效果。药品安全不以监管部门的存在与作为为条件，而保障药品安全则是企业可否存续的前提。药品研制、生产经营者应当依照法律、法规和标准从事生产经营活动，对社会和公众负责，保证食品药品安全，接受社会监督，承担社会责任。在药品安全治理体系中，企业的治理往往被认为是最直接、最根本、最有效的治理。

除了政府治理和企业治理外，患者与公众、专家委员会、行业协会等社会治理不可忽视。美欧等发达国家的药品监管越来越重

---

① 徐景和.坚守现代食品药品安全治理理念[N].中国食品安全报，2016，3（31）：A02.

视患者参与决策，更加重视专家委员会参与监管决策，充分发挥行业协会的功能加强行业自律，按照章程建立健全行业规范和奖惩机制，提供食品药品安全信息、技术等服务，引导和督促生产经营者依法生产经营，推动行业诚信建设，宣传、普及药品安全知识。

第二是中央治理与地方治理的关系。

我国是单一制国家。根据宪法的规定，中央和地方的国家机构职权的划分，遵循在中央的统一领导下，充分发挥地方的主动性、积极性的原则。

在中央层面上，根据 2018 年 3 月国务院机构改革和职能转变方案，组建国家市场监督管理总局。将国家工商行政管理总局的职责，国家质量监督检验检疫总局的职责，国家食品药品监督管理总局的职责，国家发展和改革委员会的价格监督检查与反垄断执法职责，商务部的经营者集中反垄断执法以及国务院反垄断委员会办公室等职责整合，组建国家市场监督管理总局，作为国务院直属机构。

考虑到药品监管的特殊性，单独组建国家药品监督管理局，由国家市场监督管理总局管理。市场监管实行分级管理，药品监管机构只设到省一级，药品经营销售等行为的监管，由市县市场监管部门统一承担。

有效保障药品安全，需要强化从中央到地方直至基层的药品监管队伍和力量。深化药品监管体制改革，在研究监管职责横向布局的同时，有必要进一步强化纵向统筹，加快形成结构合理、层级分明、责任清晰、标准统一、运行高效、信息共享的监管大格局。当前，我国虽然是制药大国，但距离制药强国还有很大的差距，任何削弱地方药品监管力量的改革都是存在巨大风险的，地方政府一定要从负总责的角度做好地方药品监管机构的设计，强化并增加省级药品监管机构的监管力量，尽快建立本省职业化检查员队伍，避免因为监管力量不足而对上市许可持有人、生产经营企业、研发和临床研究单位的监管鞭长莫及，由于检查和监督不及时引发监管漏洞，最终将导致损害公众健康的恶果。

七、建立上市与退市机制

药品监管资源十分有限。如果只有上市入口，没有撤市出口，势必降低监管机构对监管相对人的信息把控能力，最终影响监管效率。

药品上市、撤市与恢复上市机制是药品全生命周期监管的直接体现。药品监管机构对药品上市、撤市、恢复上市的审评标准设定，是强化上市许可持有人遵守法律、执行 GMP 和相关规范义务的关键性控制措施，也是保持药品全生命周期动态风险获益平衡的关键所在。

上市许可持有人制度即将建立一种以品种为主线，上市许可持有人为主体的监管模式，改变原来主要以生产企业为监管对象的监管模式。药品审评审批改革的重要任务之一包括建立药品品种档案，包括药品处方、原辅料包材、质量标准、说明书、上市后安全性信息、生产工艺变化等信息的数据库。药品品种档案的建立旨在使监管机构掌握上市药品批准及上市后变更情况，根据数据更新程度可以掌握药品实际上市情况。相关数据显示，目前我国共批

准了18.9万个仿制药品种，但实际生产销售的批准文号只有4万～
5万个，三分之二的药品文号是"僵尸文号"。药品实际市场上市状
况与药品批准文号数量并非相同，很多药品获批上市后并未真正上
市销售，其中的原因是多种多样的，有些药品是因为安全性、有效
性问题，有些药品则是由于市场竞争、企业战略调整等商业性原因
而主动停止上市（Discontinued）销售的。

药品监管机构应当掌握药品批准上市后的实际上市状况，把药
品实际上市状态报告作为上市许可持有人的义务，以便为后续生产
变更、上市后检查、收费、风险管理等提供基础性数据支持。

药品上市、撤市与恢复上市的标准均以风险获益平衡作为评价
基础，监管机构基于申请人提供的安全性有效性证据，以及上市后
搜集的新证据进行综合判断，作出行政许可决定。

我国《药品管理法》规定，国务院药品监督管理部门对已经批
准生产或者进口的药品，应当组织调查；对疗效不确、不良反应大
或者其他原因危害人体健康的药品，应当撤销批准文号或者进口药
品注册证书。但未规定恢复上市机制。

📎 **延伸阅读**

美欧对药品上市销售情况的掌握

在欧盟，上市许可持有人应当告知EMA在各成员国的药
品实际上市时间。上市许可批准后的3年内，如果药品没有在
欧盟境内实际上市销售，上市许可停止生效。上市许可持有人

决定暂时或者永久停止在某成员国上市销售的，应当至少提前两个月告知 EMA，声明停止上市的原因。

美国 FDA 也建立了制约机制。FDA 对药品品种和生产场地实施登记收费制，如果药品停止上市销售，应当告知 FDA，否则因为占用监管资源而必须缴纳场地登记费用。上市许可持有人由于非安全性有效性原因停止上市销售药品的，应当告知 FDA，并在橙皮书中予以标注已停止上市销售（Discontinued）。

建立药品上市和撤市程序。发现危及公众健康的危害的，监管机构立即中止对该药品的审批，对于已上市药品，如果有证据显示临床效果与药品说明书说明的内容不一致，新出现的药品安全信息使得药品风险获益不再保持平衡状态，可以撤销已批准上市许可。由于安全性有效性原因被撤市的，监管机构将发布公告，同时药品从已上市药品目录集中删除。当上市许可持有人提交新获得的事实证据证明药品可以控制在风险效益平衡状态时，药品可以重新恢复上市。

📎 延伸阅读

阿洛司琼的上市、撤市与恢复上市

阿洛斯琼是美国 FDA 于 2000 年 2 月批准上市的治疗腹泻型肠道易激综合征的药物，上市前临床试验病例数达到 6500 例，在上市后 8 个月被美国 FDA 宣布撤市，因为药品不良反应监测系统中监测到 49 例缺血性结肠炎的严重不良反应病例，其中 3 例死亡，10 例需要手术治疗。此后，申请人开展回顾性研究，并应患者要求开展同情给药，给予预防性干预措施后，显示可以避免严重不良反应发生，FDA 要求申请人修改说明书，之后恢复批准上市。

药品上市、撤市和恢复上市均以证据作为基础，这些证据是上市许可持有人在研究、生产、药物警戒等过程中获得的数据和证据，在上市许可持有人整个制度设计中，都是要求上市许可持有人不断地提供真实、可靠的数据和证据，不断的补充新获得的数据和证据，监管机构监督上市许可持有人搜集证据的可靠性，合规性，主动性，并采取必要的补救性措施和制约机制，否则药品上市后撤市、恢复上市的机制很难建立。

要点回顾

药品监管应该顺应社会发展，从管理向治理转变，注重政府与非政府主体之间的互动与合作，提供更加科学、灵活、多样、智能的监管方式。

传统药品监管以行政强制力为后盾，多采用单向式、惩戒式的行政手段来达到管理目标，监管者与被监管者更像是"猫"与"老鼠"，"警察"与"小偷"的关系，监管者对被监管者不信任，这种关系必须扭转，理想的关系是沟通与合作关系，引入不同利益相关方参与社会共治，实现药品治理创新。

仅仅运用行政许可、行政处罚、行政强制等传统方式，难以达到预期监管效果，一定程度上也会对产业的创新发展造成阻滞。为此，需要寻求新的、组合式的监管工具。为了让药品上市许可持有人制度更有活力，在行政许可整合和简化的同时，实行告知承诺制、强化境内外检查、信息监管公开透明、引入社会共治机制、建立上市与退市机制是治理创新的主要路径。

药品监管机构只设到省一级，药品经营销售等行为的监管，由市县市场监管部门统一承担。任何削弱地方药品监管力量的改革都是存在巨大风险的，地方政府一定要从负总责的角度做好地方药品监管机构的设计，强化并增加省级药品监管机构的监管力量，尽快建立本省职业化检查员队伍，避免因为监管力量不足而对上市许可持有人、生产经营企业、研发和临床研究单位的监管鞭长莫及，由于检查和监督不及时引发监管漏洞，最终将导致损害公众健康的恶果。

第七章

法律责任

～

无论对于个人还是社会，预防犯罪行为的发生要比处罚已经发生的犯罪行为更有价值，更为重要。

——（德）弗兰茨·冯·李斯特

药品上市许可持有人是一个全新的承担义务和责任的主体，在《药品管理法》修订时应当规定上市许可持有人的各项义务，同时，也应当规定相应的法律责任条款。通常情况下，药品上市许可持有人视同生产者，与药品生产企业、经营企业等主体具有相同的法律地位。《侵权责任法》和《民法总则》规定生产者、销售者的产品责任，上市许可持有人视同生产者，依法承担法律责任。法律责任设定是上市许可持有人能否履行法定义务的约束和保障。

一、主要法律责任

（一）申报资料造假的法律责任

申报资料造假，包括研究数据造假是一类威胁药品安全性有效性的严重违法行为。药物临床试验是验证药物安全性和有效性的重要依据，临床试验数据真实可靠是技术审评中评价药品风险获益的重要前提，如果临床试验数据不真实，可能使审评机构据此作出错误的审评结论。临床试验中存在的问题主要包括不符合 GCP、数据不完整、不可溯源以及数据不真实、篡改、选择性使用数据等。2015 年 7 月 22 日，国家食品药品监督管理总局开展临床试验数据自查核查工作，部分申请人主动撤回，部分没有被国家食品药品监督管理总局批准。对于未撤回申请品种则需进行数据的现场核查。在核查过程中，发现部分产品因数据真实性存在问题而不予批准，其中，部分数据涉嫌数据造假，临床试验机构和 CRO 被予以立案调查。

中共中央办公厅、国务院办公厅《关于深化审评审批制度改革鼓励药品医疗器械创新的意见》提出严肃查处数据造假行为。临床试验委托协议签署人和临床试验研究者是临床试验数据的第一责任人，须对临床试验数据可靠性承担法律责任。这项规定打破了原来仅规定申请人对临床试验数据真实性负责的规定。未来实施时，仍需要上升到《药品管理法》条款，以提高其法律效力。

建立基于风险和审评需要的检查模式，加强对非临床研究、临床试验的现场检查和有因检查，检查结果向社会公开。未通过检查的，相关数据不被接受；存在真实性问题的，应当及时立案调查，依法追究相关非临床研究机构和临床试验机构责任人、虚假报告提供责任人、注册申请人及合同研究组织责任人的责任；拒绝、逃避、阻碍检查的，依法从重处罚。注册申请人主动发现问题并及时报告的，可酌情减免处罚。该意见明确了临床试验数据的第一责任人，进一步确保临床试验数据的真实性。

《药品管理法》（2015 年修正）仅规定了虚假和欺骗取得药品批准证明文件的法律责任，并未规定临床试验数据造假的法律责任。该法规定，提供虚假的证明、文件资料、样品或者采取其他欺骗手段取得《药品生产许可证》《药品经营许可证》《医疗机构制剂许可证》或者药品批准证明文件的，吊销《药品生产许可证》《药品经营许可证》《医疗机构制剂许可证》或者撤销药品批准证明文件，五年内不受理其申请，并处一万元以上三万元以下的罚款。

最高人民法院、最高人民检察院于 2017 年 8 月 14 日发布《关于办理药品、医疗器械注册申请材料造假刑事案件适用法律若干问题的解释》，旨在依法惩治药品、医疗器械注册申请材料造假的犯罪行为，维护人民群众生命健康权益。根据司法解释，药物非临床研究机构、药物临床试验机构、合同研究组织的工作人员，故意提供虚假的药物非临床研究报告、药物临床试验报告及相关材料的，应当认定为刑法第二百二十九条规定的"故意提供虚假证明文件"。在药物非临床研究或者药物临床试验过程中故意使用虚假试验用药品的；瞒报与药物临床试验用药品相关的严重不良事件的；故意损毁原始药物非临床研究数据或者药物临床试验数据等情形，应当认定为刑法第二百二十九条规定的"情节严重"，以提供虚假证明文件罪处五年以下有期徒刑或者拘役，并处罚金。

针对药品注册申请人自行数据造假行为的性质认定问题，司法解释规定，药品注册申请单位的工作人员，故意使用符合本解释规定的虚假药物非临床研究报告、药物临床试验报告及相关材料，骗取药品批准证明文件生产、销售药品的，应当依照刑法第一百四十一条规定，以生产、销售假药罪定罪处罚。

对药品、医疗器械注册申请负有核查职责的国家机关工作人员，滥用职权或者玩忽职守，导致使用虚假证明材料的药品、医疗器械获得注册，致使公共财产、国家和人民利益遭受重大损失的，应当依照刑法第三百九十七条规定，以滥用职权罪或者玩忽职守罪追究刑事责任。

临床试验的开展涉及多个参与方，包括申请人、CRO、研究机构、伦理委员会和研究者。申请人或者 CRO 对临床试验过程承担监督义务，研究者是临床试验项目的具体实施者，三方均有义务保证临床试验数据的真实、完整、规范和可溯源，对临床试验数据真实性、完整性、规范性承担着直接的责任。临床试验数据造假追究申请人、CRO、研究者刑事责任已经是国际惯例[①]。

📎 **延伸阅读**

管理者担责：Park 原则

　　Park 原则（*Park Doctrine*）是 20 世纪 70 年代以美国最高法院对当时在美国有 800 多家分店的连锁食品公司 Acme 公司执行总裁 Park 的判例命名。1970 年，有 800 多家分店的连锁食品公司 Acme 公司因其在费城的一家食品存储仓库发现鼠患被 FDA 通告，第二年，其巴尔的摩仓库又发现了鼠患，FDA 以违反 FDCA Section 331（k）对 Acme 公司及其执行总裁 Park 先生进行起诉。Acme 公司认罪，但 Park 先生本人不服，Park 认为其本人并不知晓仓库存在鼠患的问题，FDA 不否认这一事实，但 FDA 认为 Park 应当对仓库可能遭受鼠患具有预见性并事先采取防控措施。最高法院认为是否知情或者主观故意并不是刑事定罪的要件。企业管理者具有设计遵守法律法规相关举措的责任和权力，与违法行为存在"责任关系"。根据 Section331（k），Park 先生被判有罪，但并未判处监禁，仅被处以 250 美元罚金。

　　对临床试验数据中的关键责任人追究刑事责任，目的不仅在于

---

① 袁丽，杨悦. 美国 FDCA 框架下临床研究者造假的刑事责任研究 [J]. 中国新药杂志，2017，26（16）：1873–1879.

惩罚犯罪，更是意在强化申请人、CRO、研究者的管理责任，对"签字人"提出明确的责任要求，使其预见到造假是"犯罪"行为，从而对数据造假起到震慑作用，保证临床试验数据完整性、真实性和准确性。

（二）违反 GxP 的法律责任

关于违反 GxP 规定的法律责任，在上市许可持有人制度下应当增加承担责任的主体类别。《药品管理法》（2015 年修正）规定，药品的生产企业、经营企业、药物非临床安全性评价研究机构、药物临床试验机构未按照规定实施《药品生产质量管理规范》《药品经营质量管理规范》《药物非临床研究质量管理规范》《药物临床试验质量管理规范的》，给予警告，责令限期改正；逾期不改正的，责令停产、停业整顿，并处五千元以上二万元以下的罚款；情节严重的，吊销《药品生产许可证》《药品经营许可证》和药物临床试验机构的资格。

上市许可持有人与药品生产企业均承担遵守 GMP 的义务。因此，《药品管理法》的上述条款中应当增加上市许可持有人这一主体，以体现上市许可持有人无论自行生产或者委托生产，均应当遵循 GMP。

此外，CRO 是否纳入责任主体范围，取决于《药品管理法》修订时是否规定申请人可以委托研发活动同时委托责任，如果有此规定，CRO 也应当纳入追责范围。如果规定申请人仅委托研究，不委托责任，则 CRO 不纳入法律责任追责范围。

此项法律责任规定，是以检查作为前提条件的，如果相关责任主体拒绝接受 GxP 检查，应当如何处理？在某种程度上，拒绝、拖延、阻碍和妨碍 GxP 检查，藏匿、隐匿相关文件资料记录的应当视同违反 GxP，采取相同的法律责任追究方式。

（三）制售假劣药品的法律责任

《药品管理法》中制售假劣药品法律责任主要针对生产企业和经营企业。《药品管理法》规定，生产、销售假药的，没收违法生产、销售的药品和违法所得，并处违法生产、销售药品货值金额二倍以上五倍以下的罚款；有药品批准证明文件的予以撤销，并责令停产、停业整顿；情节严重的，吊销《药品生产许可证》《药品经营许可证》或者《医疗机构制剂许可证》；构成犯罪的，依法追究刑事责任。生产、销售劣药的，没收违法生产、销售的药品和违法所得，并处违法生产、销售药品货值金额一倍以上三倍以下的罚款；情节严重的，责令停产、停业整顿或者撤销药品批准证明文件、吊销《药品生产许可证》《药品经营许可证》或者《医疗机构制剂许可证》；构成犯罪的，依法追究刑事责任。

未来《药品管理法》修订中应当将上市许可持有人纳入假劣药品法律责任的追责主体范围。上市许可持有人生产销售假劣药品的情况十分复杂，可能集中生产场地或者分散场地生产药品，也可能在境内或者境外生产药品，还有可能是原辅料问题导致的最终制剂属于假劣药品。罚、没、撤、停等行政处罚措施具惩戒性，受到这类处罚，企业多数情况下还有整改机会，而吊销许可证处罚则是永久性资格禁止，企业有可能因为一个产品出现问题而吊销许可证，从而导致其所持有的其他全部产品的批准文号随之撤销。从强化上市许可持有人主体责任，综合考虑制售假劣药品的各种风险来源和可能因素的基础上，吊销许可证这种最严厉的行政处罚措施不应该过多使用，应从分清违法行为原因、性质、恶劣程度的角度设定更为合理的，允许企业持续改进的法律责任。

在法律责任设定时，增加上市许可持有人的制售假劣药品法律责任条款，对吊销许可证处罚应当适当进行改进，由以企业为主的法律责任设定，转向以品种为核心的法律责任设定，分清不同违法行为情形，在原有的罚款、没收假劣药品和违法所得、撤销批准证明文件等法律责任的基础上，引入场地禁令，永久性停止生产、销售和使用，禁止进口等处罚措施。如果一个制剂或原料药场地出现问题，对该场地发布告诫信和禁令或者禁止进口命令。如果一个品种出现问题，在不属于主观故意违法的情况下，只撤销一个品种的批准文号。在上市许可持有人持有多个批准文号，拥有境内或境外多个生产场地，与多个合同方委托生产或合作生产的情况下，上述法律责任调整并不削弱上市许可持有人承担的行政责任惩罚力度。场地禁令和进口禁令的发布意味着上市许可持有人必须更换供应商，变更生产场地，最终会影响制剂产品的上市。上市许可持有人不仅会受到行政处罚，而且其因为声誉损失引发的经济损失将更为巨大。如果上市许可持有人（包括申请人）能够预见到这样的后果，必将加强对其合同研发单位、合同生产企业、原辅料包材供应商的质量体系审计和监督，甚至帮助合作方建立符合上市许可持有人需要的质量体系，积极促进合作方符合法律和质量管理规范，也会积极促进原辅料包材供应商保证原辅包质量，甚至这种促进作用会延伸到粗品加工环节，使上市许可持有人成为整个供应链的风险控制责任主体。

生产销售假劣药品与违反 GMP 的法律责任分别规定容易引发追责认定难题，违反 GMP 生产药品风险程度不一定低于假劣药品的风险，如果把违反 GMP 的情形和生产假劣药品的情形分别单列法律责任，则可能产生"重责轻罚、轻责重罚、同案不同罚"的现象，未来《药品管理法》修订中应当统一"质量缺陷"追责原则和法律责任设定，以使法律责任设定更为合理，便于严格执法。

（四）未履行药物警戒义务的法律责任

1. 未履行监测报告义务的法律责任

《药品管理法》仅规定国家实行药品不良反应报告制度，并未规定相应的法律责任。《药品不良反应报告和监测管理办法》（卫生部令 81 号）规定：药品生产企业有下列情形之一的，由所在地药品监督管理部门给予警告，责令限期改正，可以并处 5000 元以上 3 万元以下的罚款：（一）未按照规定建立药品不良反应报告和监测管理制度，或者无专门机构、专职人员负责本单位药品不良反应报告和监测工作的；（二）未建立和保存药品不良反应监测档案的；（三）未按照要求开展药品不良反应或者群体不良事件报告、调查、评价和处理的；（四）未按照要求提交定期安全性更新报告的；（五）未按照要求开展重点监测的；（六）不配合严重药品不良反应或者群体不良事件相关调查工作的；（七）其他违反本办法规定的。药品生产企业有前款规定第（四）项、第（五）项情形之一的，按照《药品注册管理办法》的规定对相应药品不予再注册。

以往，药品生产企业承担报告义务，但"报告少、追责难"的困局如何突破？报告少，追责难的关键在于对"未按规定报告"难以认定，企业可能以"未接到报告，所以未报告"为由推卸责任。如果企业把自己定位在一个被动接受医疗单位或患者报告，然后再向监测机构报告的"中间人"或"中转站"地位，那么，企业的药物警戒责任确实是难以真正履行的。

从 ICH 系列指南以及国外监管经验看，上市许可持有人或者生产企业必须履行主动收集药品安全性、有效性信息义务，这种主动性体现在不是被动等待，而是从各种渠道主动搜集信息，包括国内外文献、消费者投诉举报、自发报告系统中的不良事件和信号，医疗机构的报告、监管机构反馈的风险信息等渠道。在国外，对上市许可持有人或者生产企业应当报告而未报告的追责往往是依据是否已经尽其所能的搜集各种渠道的信息，是否采取的积极报告方式，而不是回避、隐瞒和延误报告，这些信息出现的时间点与企业获取信息的时间点可以建立历史性的逻辑关系证据链条，从而推定企业是否主动履行报告义务。

监管实践中，上市许可持有人或者生产企业未履行报告义务的违法行为发现往往是在消费者投诉举报阶段，甚至是在由于药品损害事件引发诉讼时才暴露出来。因此，从国外监管实践看，对回避、隐瞒、延误报告的行政处罚往往与其他民事法律责任的追究相伴随，一旦上市许可持有人或者生产企业回避、隐瞒、延误报告等引发严重的损害后果，依法严厉追究行政责任，同时，在民事责任承担方面，不仅依法给予受害者补偿性赔偿，甚至可以依法处以高额的惩罚性赔偿。

2. 未履行药品风险管理计划义务的法律责任

药物警戒活动中，报告是基础，风险控制是最终目的。我国药品审评审批改革加速了创新药上市，引入有条件批准程序，药品可以附带风险管理计划和后续研究计划上市销售。应该说，创新药加速上市后，上市许可持有人对药品全生命周期的风险控制变得特别重要。为确保上市许可持有人在药品上市后继续履行相关义务，必须在《药品管理法》中设定相应的法律责任。

🔗 延伸阅读

违反风险管理计划的法律责任

美国 FDCA-502（y）规定，未遵守药品风险管理计划（REMS）中要求（如未具有用药指南，未执行沟通计划或者缺少确保药品安全使用要素）的药品将被视为错误标识（Misbranded）的药品，申请人将被处以一年以下监禁或者 1000 美元以下罚款，不允许进行州际贸易。申请人第一次违反 REMS 要求，将被处以最高 25 万美元的罚款，未能履行 REMS 要求的负责人每违反一项要求将被处以最高 25 万美元的民事罚款，对单次执行 REMS 的过程中违反多项要求将被处以不超过 100 万美元的罚款。在 FDA 通告其违反 REMS 要求行为的 30 天后未采取整改措施的，罚款将增加，以每 30 天为基础，罚款将在上一个 30 天期限罚款基础上加倍，违反单项措施的罚款最多不超过 100 万，单次 REMS 执行过程的罚款最多不超过 1000 万。

欧盟对未完整提交申请材料，未建立风险管理计划的上市许可持有人，将处以最高不超过上市许可持有人上一年总营业额 5% 的罚款。如果上市许可持有人尚未终止违法行为，以天为基础征收罚款，每天罚款额不超过上一年上市许可持有人日均营业额的 2.5%。

（五）药品说明书隐瞒警示信息的法律责任

药品说明书信息的修改完善是药品上市后风险管理的有效措施，药品说明书的及时修订，特别是说明书中有关警示性安全信息的及时修订，对于患者安全使用药品意义重大。在《药品管理法》中规定药品说明书及时修订义务和相应的法律责任，是确保上市许可持有人履行药品说明书及时修订义务的重要制约机制。

现行《药品管理法》等法律法规规定药品标识应当具备科学性、准确性与真实性，但并未设立药品标识缺陷的准确定义，药品标识缺陷与质量缺陷混淆。《产品质量法》对缺陷的界定也颇具争议，"缺陷系产品存在危及人身、他人财产安全的不合理的危险；产品有保障人体健康和人身、财产安全的国家标准、行业标准的，是指不符合该标准"。药品作为一种特殊产品，其缺陷的认定具有特殊性和复杂性，狭义的药品标准仅仅针对药品内在质量要素进行规定，而药品标签和说明书则不属于内在质量要素范畴，如果按照药品标准符合与否对缺陷进行界定，那么药品说明书标签缺陷将被排除在缺陷之外。药品说明书存在缺陷，特别是警示性内容缺陷对药品安全使用的影响是深远的、巨大的，上市许可持有人和药品生产企业应当予以高度重视，法律中也应当分别规定相应的法律责任。

药品标识缺陷法律责任规定散置于现行《药品管理法》《侵权

责任法》与《产品质量法》中。《药品管理法》规定"药品标识不符合本法规定的，除依法应当按照假药、劣药论处的外，责令改正，给予警告；情节严重的，撤销该药品的批准证明文件"。《产品质量法》则针对产品标识，作出如下要求：产品标识不符合规定的，责令改正；有包装的产品标识不符合规定，情节严重的，责令停止生产、销售，并处违法生产、销售产品货值金额百分之三十以下的罚款；有违法所得的，并处没收违法所得。

上述法律规定，对药品说明书修订，特别是警示性内容及时修订义务的针对性十分缺乏，仅仅关注监管机构批了什么，说明书里写了什么，并没有关注说明书中警示性安全信息是否充分。本书第五章对药品说明书修订义务进行了专门分析，《药品管理法》中应当设定上市许可持有人和药品生产企业的药品说明书未按要求及时修订，以及未主动通过备案程序增加说明书警示性内容的法律责任。

在本书第五章中，我们介绍了美国对药品说明书中增加警示性内容实行备案管理，极大地激发上市许可持有人主动修改说明书的主动性和及时性，反观其背后的利益激励机制，则是各州法律对故意隐瞒说明书警示性信息的惩罚性赔偿责任条款。2005 年，德州法院依据德州法律判决美国默克公司因未能充分警示消费者药品存在严重心脏病风险，造成患者心脏病突发猝死，赔偿死者遗孀 2 亿多美元作为惩罚性赔偿[①]。2009 年，惠氏公司的非那根（Phenergan）

---

① Michael W., Scott Pamela C., Hicks BEIRNE MAYNARD & PARSONS L.L.P. A Case Study of Ernst v. Merck & Co. Inc[EB/OL]. [2014–5–27].http://www.google.com.hk/url?q=http://www.thefederation.org/documents/04.–%2520Hicks.pdf&sa=U&ei=KjtFU_6FMO–XiQe8jYCADQ&ved=0CB4QFjAA&usg=AFQjCNFwIo_hZBzRVl3EASVUrJuRNhOKTg

药品说明书缺乏静脉推注风险警示，造成莱文女士上肢坏死，某州法院依据州法律判决惠氏公司赔偿莱文女士 670 万美元 [①] 等。从美国的经验看，药品说明书及时修订不能仅仅依赖于监管机构责令修改，更主要的是依赖惩罚性赔偿利益机制的约束使上市许可持有人主动更新药品说明书，特别是主动增加警示性内容。

延伸阅读

产品缺陷界定

一般来说，美国法院采用消费者合理期待测试（Consumer Expectations Test）和风险-效用测试（Risk-Utility Test）标准判定产品缺陷。消费者合理期待，是指以一般消费者合理期待作为评价药品安全性的标准。根据该标准，如果一种产品没有提供消费者有权期待的安全性，就被判定存在缺陷。

风险-效用测试标准，是指通过比较药品标识警示说明增加与否的风险与效用，判断药品标识是否存在缺陷。如果增加或者变更警示说明的成本低于所造成损失的成本，生产者有义务增加警示与说明，否则就应当承担责任。相比消费者合理期待标准，此标准更加适用于设计缺陷与警示缺陷的认定。

---

① SUPREME COURT OF THE UNITED STATES .WYETH v. LEVINE.[EB/OL].（2009-3-4）.[2014-5-27].http://www.supremecourt.gov/opinions/08pdf/06-1249.pdf

（六）民事责任连带

《侵权责任法》《消费者权益法》《产品质量法》均规定了产品生产者和销售者的产品责任，生产者如何界定？上市许可持有人是否属于生产者和销售者？这是上市许可持有人未来能否承担产品责任的关键所在。

《侵权责任法》第43条规定，因产品存在缺陷造成损害的，被侵权人可以向产品的生产者请求赔偿，也可以向产品的销售者请求赔偿。产品缺陷由生产者造成的，销售者赔偿后，有权向生产者追偿。因销售者的过错使产品存在缺陷的，生产者赔偿后，有权向销售者追偿。《消费者权益保护法》第40条第2款也有相似的规定。

上市许可持有人可以自己生产、仓储、运输、配送、销售药品，也可以委托他人生产、仓储、运输、配送、销售药品。在委托他人生产的情形下，如果药品存在缺陷给他人造成损害的，被侵权人有权向谁请求赔偿呢？谁是药品的名义生产者或者名义销售者，谁是药品的实际生产者或者实际销售者？

从理论上讲，消费者有权向每个名义上或者实际上的药品生产者、销售者提出赔偿请求，因为在现代侵权责任法律制度下，这种赔偿请求是不以合同关系的存在为前提的。在现行侵权责任或者消费者权益保护的法律制度下，上市许可持有人是药品的生产者或者销售者吗？

回答这一问题，需要对"生产者"做出必要的解释。有的学者主张，广义的"生产者"包括"制造者"和"设计者"。在此情况下，上市许可持有人也是药品的生产者，可称为药品的"名义生产者"，或者药品的"表见生产者"，其应当按照《侵权行为法》的规定承担相应的法律责任。也有的学者认为，在上市许可制度下，上市许可持有人可能是药品的生产者、销售者，也可能是药物的"设计者"，而在研发单位或者科研人员作为上市许可持有人的情况下，上市许可持有人是药品的"设计者"，而不是药品的实际"生产者"。最高人民法院在 2002 年 7 月 4 日通过的《〈关于产品侵权案件的受害人能否以产品的商标所有人为被告提起民事诉讼〉的批复》（法释〔2002〕22 号）中明确，任何将自己的姓名、名称、商标或者可资识别的其他标识体现在产品上，表示其为产品制造者的企业或者个人，均属于《中华人民共和国民法通则》第一百二十二条规定的"产品制造者"和《中华人民共和国产品质量法》规定的"生产者"。

美欧等发达国家采用在标识中标注并表明其生产者地位的主体界定为生产者，我国药品上市许可持有人试点方案中也规定上市许可持有人、实际生产企业均应当标注在药品标签上。

由于药品标签和说明书中标注上市许可持有人和实际药品生产企业的详细信息，上市许可持有人即使不是实际药品生产企业，而是科研机构或者个人，也是生产者，确切地说是"表见生产者"，应当依法承担产品责任。

在上市许可持有人制度下，如果上市许可持有人与受托的药品生产者、销售者等共同实施侵权行为，给他人造成损害的，按照《侵权责任法》第 8 条规定，上市许可持有人与生产者、销售者等共同承担连带责任。如果上市许可持有人教唆、帮助药品生产者、销售者实施侵权行为，给他人造成损害的，按照《侵权责任法》第 9 条规定，上市许可持有人与生产者、销售者等共同承担连带责任。

二、处罚到人

（一）贯彻"四个最严"全面落实处罚到人

为深入贯彻食品药品法律法规，落实党中央、国务院有关食品药品安全"四个最严"的要求，加大对食品药品安全违法行为的执法力度，2018年1月国家食品药品监督管理总局、公安部联合制定了《关于加大食品药品安全执法力度严格落实食品药品违法行为处罚到人的规定》，就严格执行食品药品违法行为"处罚到人"提出相关要求。

1. 深刻认识重要意义

落实食品药品违法行为"处罚到人"的规定，是全面贯彻党中央有关食品药品安全"四个最严"要求，加大食品药品领域执法力度的重要措施，对预防、控制和惩处食品药品安全领域违法犯罪，强化食品药品监管执法权威，全面提升食品药品安全保障水平，具有重要意义。各级食品药品监督管理部门、公安机关要严格按照依法行政的要求，认真落实法律法规和规章有关"处罚到人"的规定，认真调查并严肃追究相关责任人员的法律责任，用最严格的监管、最严厉的处罚，保障食品药品安全。

2. 依法明确责任人员范围

处罚到人，就是明确哪些人员应该纳入行政处罚和刑事处罚的追责范围。个人从事药品违法行为的，依法追究个人法律责任。单位从事药品违法行为的，除对单位进行处罚外，还要依法追究单位直接负责的主管人员和其他直接责任人员责任。直接负责的主管人员，是在单位实施的违法行为中起决定、批准、授意、纵容、指挥等作用的主管人员，一般是单位的相关负责人。其他直接责任人员，是在单位违法事实中具体实施违法行为并起较大作用的人员，既可以是单位的生产经营管理人员，也可以是单位的职工，包括聘任、雇佣的人员。

从国外法律法规和监管经验看，如果法律中明确规定了申请人、上市许可持有人和药品生产企业中关键责任人员的义务，如药品放行负责人、药物警戒负责人、临床试验中的主要研究者（PI）的义务，则也应相应设定相应的法律责任，多数情况下，设定资格罚和禁业罚的法律责任条款。

在上市许可持有人制度实施后，资格罚和禁业罚等行政处罚措施是建立药品行业个人诚信体系的重要支撑，有利于把恶意违法人员排除在药品行业之外。

3. 强化信息全面公开

药品监督管理部门、公安机关要全面落实《中华人民共和国政府信息公开条例》的有关要求，严格按照"谁处罚、谁公开"的原则，及时全面公开食品药品相关行政处罚信息。对个人进行处罚的，在行政处罚决定书中依法载明处罚的违法事实、处罚依据、处罚种类等。对单位进行处罚的，在行政处罚决定书中既要载明对单位的处罚，也必须依法载明对直接负责的主管人员和其他直接责任人员的处罚，明确处罚的违法事实、处罚依据、处罚种类等。药品监督管理部门、公安机关要加强沟通协调，充分发挥行政执法与刑事司法衔接信息共享平台的作用，及时录入食品药品违法行为"处罚到人"的信息，建立历史性的资格罚和禁业罚数据库，积极推进数据公开和共享。

（二）处罚到人的立法

上市许可持有人制度下，落实"处罚到人"实质是落实"责任到人"，其核心仍然是依法行政，即在法律框架内依法进行责任认定和相应的行政处罚和刑事处罚。我国以往的药品违法法律责任中比较注重单位责任，例如：行政处罚涵盖罚款、没收、停产停业、吊销许可证等处罚措施，而对责任人的关注虽然有，但涉及的条款较少，未来应当逐步完善。

《药品管理法》中设定"处罚到人"条款，首先要明确追究哪些人员的责任，通常情况下，直接负责的主管人员和其他直接责任人员是直接追责对象，追责的方式主要是资格罚。如《药品管理法》规定从事生产、销售假药及生产、销售劣药情节严重的企业或者其他单位，其直接负责的主管人员和其他直接责任人员十年内不得从事药品生产、经营活动。

目前，关于没收、罚款等其他行政处罚措施是否落实处罚到人，仍处于征求意见阶段。《药品管理法》修正案草案征求意见稿中增加一条，作为第九十六条："药物非临床安全性评价机构、药物临床试验机构、合同研究组织、药品上市许可持有人、药品生产企业、药品经营企业、医疗机构违反本法规定，除依照本章前述规定对单位予以处罚外，有下列情形之一的，对单位直接负责的主管人员和其他直接责任人员处以其上一年度从本单位取得的收入百分之三十以上一倍以下罚款：（一）故意实施违法行为或者存在重大过失；（二）违法行为情节严重、性质恶劣；（三）违法行为造成严重后果或者其他严重不良社会影响。"

"处罚到人"的根本目的不仅在于惩罚和遏制违法犯罪行为，其核心目的更多的关注点在于通过利益机制提高违法成本，使上市许可持有人在进入药品行业之初就知法、懂法、守法，对于不守法的自然人通过资格罚、禁业罚等淘汰出行业，净化行业环境。

处罚到人与信息公开有机结合，逐步建立药品安全监管自律诚信监管体系，违法单位和违法个人信息可供公众历史性查询，提高行业自律意识，提高监管效率。

—————◆〉 要点回顾 〈◆—————

本章对申请人和上市许可持有人违法的主要法律责任进行列举和分析，主要包括申报资料造假的法律责任、违反 GxP 的法律责任、制售假劣药品的法律责任、未履行药物警戒义务的法律责任、说明书中隐瞒警示性安全信息的法律责任。

对上市许可持有人与其他合作方的民事责任连带进行了分析，特别强调上市许可持有人在标识中标注意味着其为"名义生产者"或"表见生产者"，应依法承担产品责任。

上市许可持有人制度下，落实"处罚到人"实质是落实"责任到人"，其根本目的不仅在于惩罚和遏制违法犯罪，其核心关注点在于通过利益机制提高违法成本，使上市许可持有人在进入药品行业之初就知法、懂法、守法，对于不守法的自然人通过资格罚、禁业罚等淘汰出行业，净化行业环境。

附录

药品合同生产：质量协议指南（FDA）

美国卫生和公共服务部（HHS）

美国食品药品管理局（FDA）

药品评价与研究中心（CDER）

生物制品评价与研究中心（CBER）

兽药中心（CVM）

2016 年 11 月

目　录

本指南仅代表 FDA 当前对此议题的思考，未赋予任何人以任何权力，也不对 FDA 或者公众具有任何强制约束力。如果协议双方有替代的方法满足适用的法律法规要求，可以使用替代方法。如需对替代方法进行讨论，请联系本指南标题页上的 FDA 负责人。

I 前言

本指南描述了 FDA 当前对于药品委托生产关系所涉各方主体如何在 cGMP 条件下定义、建立和记录其生产活动的看法，尤其是如何运用质量协议界定各方的生产活动，以确保符合 cGMP。

指南中的某些特定术语及其含义。

◆ 现行《药品生产质量管理规范》(*Current Good Manufacturing Practice*，cGMP)：指《联邦食品药品化妆品法案》(FDCA) 第 501 (a) (2) (B) 节对所有药品及原料药 (APIs) 的生产要求。对于人用和兽用制剂，这一术语还包括 21CFR 第 210 和 211 部分中适用的要求。对于生物制品，术语还涉及 21CFR 第 600~680 部分中适用的额外要求。

◆ 商业化生产 (*Commercial Manufacturing*)：指准备用于上市、分销或者销售的一种或者多种药品的生产过程。

◆ 商业化生产并不包括研发活动、临床新药研究用药品原料的生产 (如临床试验、扩大使用)，以及兽用临床研究用药原料的生产。虽然指南不适用于临床前、研发及临床研究用药原料的生产，但 FDA 认为质量协议对于界定委托研发关系所涉各方主体的生产活动也有重大意义。同样，本指南所述的许多原则也可应用到药品生命周期中商业化生产之前的阶段。

◆ 生产（*Manufacturing*）：包括加工、包装、贮存、贴标操作、检测和质量部门操作。

◆ 生产商（*Manufacturer*）：指参与 cGMP 活动，包括实施药品生产监管和控制以确保药品质量的实体。

◆ 质量部门（*Quality Unit*）：质量控制部门的同义词。

指南中可用于委托生产的药品类别有：人用药品、兽药、某些复方产品、生物制品和生物技术产品、制成品、原料药、药用物质、中间产品以及药械组合产品中的药物成分。指南不适用的药品类别包括：A 类药用材料和药用饲料、医疗器械、膳食补充剂以及《公共卫生服务法案》第 300 节和 21CFR 第 1271 部分规定的人体细胞、组织以及细胞或者组织的衍生品。

一般来说，FDA 指南文件没有法律强制力。指南描述的只是 FDA 当前对某个议题的考虑。因此，除其中所引用的法律法规外，本指南仅作参考。"*Should*"一词应当理解为"建议或者推荐"，而不是强制要求。

II　委托生产主体及委托内容的界定

本指南介绍了如何将委托生产操作业务放入药品质量体系的大框架内，以及 FDA 目前对于委托生产安排所涉各方主体的责任分配和生产活动的考量。指南特别说明了药品持有人（Owners）与其委托生产设施（Contract Facilities）之间的关系。指南将"药品持有人"定义为原料药、药用成分、中间产品、药品制剂（包括生物制品）和药械组合产品的委托生产方，即药品上市许可持有人（该委托方可以是生产企业，也可以是个人、组织或者科研机构等非生产企业）。术语"药品持有人"不适用于零售药店、药房、超市、折扣仓库商店以及其他采购并销售 OTC 药品的零售商店。指南定义"委托生产设施（*Contract Facilities*）"为代表一个或者多个药品所有者实施一项或者多项生产操作的一方，即受托方。

药品生产过程由许多分散的生产操作和活动构成。药品生产者可以独自完成所有生产操作和活动，也可以委托一个或者多个受托方完成整个或者部分生产操作和活动。可以委托的生产环节具体包括（但不限于）：

- 药品配制
- 灌装
- 化学合成
- 细胞培养和发酵，包括生物制品
- 分析检测及其他实验室服务
- 包装及贴标签
- 灭菌和最终灭菌

然而，委托合同有时并没有清晰界定各方涉及 cGMP 的责任及生产操作和活动。如果各方能够在质量协议中清晰明确各自的生产责任，确保符合 cGMP 要求，那么委托方、受托方以及委托生产得到的药品的最终使用者，在许多方面都能获益。此外，委托生产还可以提高药品生产的速度和效率，为药品生产提供专业化技术并有助于扩大产能。

本指南更多关注的是药品持有人和其委托生产设施之间的责任划分和生产活动，但 FDA 鼓励那些仅与药品配送销售相关的生产实体（例如分销商、代理商、私人贴标分销商及自主贴标分销商）在适用情况下采纳本指南中的建议。

Ⅲ　委托生产关系所涉各方主体的责任

参与药品生产的各方均有责任确保其所完成的生产活动符合 cGMP 要求。对于实施生产操作的药品所有者和受托方而言，cGMP 既包括对药品生产的监管和控制，以确保药品质量，也包括对药品和制剂生产中所用原料和物料的风险管理，以确保其安全性。不符合 cGMP 的情况下生产出的药品是掺假药。

FDCA 禁止任何人在州际贸易中引进或者运送掺假或者错误标识的药品，也禁止任何人"在药品储存待售期间，对药品进行处理使得这些药品成为掺假或者错误标识药品"。

FDA 法规允许药品上市许可持有人将某些药品的生产活动委托给受托方实施，但要求其质量部门承担批准或者拒收由该受托方生产的产品的法律责任，包括产品最终放行的责任。FDA 还要求书面约定双方质量部门的责任和操作规程，并确保严格遵守。

药品上市许可持有人可利用质量体系模型，帮助其检查经受托方操作的药品是否符合 cGMP 要求。全面的质量体系模型要求合同双方在委托生产前，制定书面的质量协议。质量协议的内容包括：委托方期望受托方提供的物料和服务的描述，质量标准以及双方之间的沟通机制。参见行业指南《药品 cGMP 法规下的质量体系方法》。

合同双方可以查阅 FDA 指南文件，寻求达成 cGMP 符合性的建议。FDA 的许多指南文件描述了质量管理原则与委托生产操作之间的相关性，包括委托生产所涉各方的一部分责任划分和生产活动。

在此，本指南列出以下三个涉及药品委托生产的 ICH 行业指南。

- Q7《原料药 GMP》指南
- Q9《质量风险管理》指南
- Q10《药品质量体系》指南

Q7《原料药 GMP》指南建议：药品持有人对受托方进行评估，以确保在合同生产设施实施的具体生产操作符合 cGMP 要求；合同双方应签订一份经协商后的书面协议，在其中详细界定各方的生产职责，包括各方的质量管理措施。书面协议中还应明确对转包的相关规定；说明如何完成工艺、设备、方法和产品规格的变更；以及赋予委托方审核受托方的生产设施是否符合 cGMP 的权利。

Q9《质量风险管理》指南为质量风险管理提供了一套有效控制质量的系统方法。该指南给出了质量风险管理的原则，如风险评估、风险沟通和风险回顾，并且提供了一些风险管理工具的使用实例，如在审核和制定质量协议时，这些工具的运用有助于委托方做出基于风险的高效决策。

Q10《药品质量体系》指南规定：作为药品质量体系的一部分，药品持有人应对确保"工艺流程有序，进而保证外包活动可控和外购物料的质量"负最终责任。此外，该指南认为这些工艺流程及以下所述的关键性活动都应当纳入质量风险管理。

- 在将业务外包或者选择物料供应商之前，药品持有人应当评估拟选的合同生产商的适当性和能力。评估方式有检查审计、评估和资格认定等。
- 界定相关各方在质量活动方面的生产职责和沟通流程。对于外包活动，应当签订书面协议。

● 监测和检查受托方的执行情况，识别并实施需要的改进。

● 监测进厂药品成分和物料，以确保其供应链来源可靠。

FDA 鼓励委托生产各方实施 cGMP。本指南意在根据上述质量风险管理原则和建议，阐明在制订和执行质量协议时需注意的关键点。

IV 在质量协议中记录双方实施 cGMP 的活动

如果药品生产者将药品或者制剂生产过程（包括加工、包装、贮存和检测）的全部或者部分生产环节委托给受托方操作，那么委托方的质量部门应当负责批准或者拒收由受托方提供的产品或者服务；受托方也应当遵守法定的或者适用的 cGMP 规定，包括对其质量部门的要求。cGMP 要求双方书面约定质量部门负责的各项活动和实施步骤，并严格遵守。

书面的质量协议可以促使双方遵守 cGMP，而且 21CFR 211.22（d）中也明确规定双方应当书面约定质量部门负责的各项活动和实施步骤。因此，FDA 建议合同双方之间签订一份书面的质量协议，其中应当界定双方在药品生产中的责任划分和委托的生产活动。需要注意的是质量协议不能免除双方遵守 cGMP 的法定责任。以下是 FDA 当前对质量协议中经双方商定的委托活动以及质量协议的基本要素的看法。

A. 什么是质量协议

质量协议是药品委托生产关系所涉各方主体之间全面的书面

协议，其中定义和建立了各方如何在符合 cGMP 情况下进行的生产活动。首先，质量协议应当清楚规定由哪一方（委托方或者受托方或者双方）负责哪些具体的 cGMP 活动。其次协议内容还应当包括 FDCA 第 501（a）（2）（B）节，21CFR 第 210、211、600~680、820 和 1272 部分，以及其他适用的法律法规中涉及 cGMP 活动的内容。质量协议应当由各方质量部门代表和其他利益相关者共同起草。

质量协议不包括一般的商业条款和条件，如保密性、定价和成本、交货条款、有限责任或者损坏赔偿等。FDA 建议质量协议单独签订，或者至少与商业合同分开签（如主服务协议或者供应协议），以便 FDA 在检查期间审核质量协议。

B. 质量协议的要素

质量协议描述的是合同双方在 cGMP 条件下的生产活动以及相应的义务和责任。书面的质量协议要求表达清晰，明确双方的生产义务和责任、建立沟通机制、提供双方的关键联系人，详细说明受托方将为委托方生产怎样的产品或者提供怎样的服务，以及各种生产活动最终审批的责任人。质量协议的内容主要包括以下基本部分。

- 目的 / 范围：包括受托方提供的委托生产服务的性质。
- 定义：确保协议双方均准确理解质量协议中各术语的含义。
- 争议解决条款：说明各方如何解决关于产品质量或者其他方面的争议。
- 生产活动：记录质量部门和其他与生产工艺及工艺变更控制相关的生产活动。

● 质量协议的生效、终止及修订。

委托方可以将受托方已有的工艺流程加入质量协议中（例如在制定标准操作规程时将其作为参考），这样做可以减少双方在生产时产生误解或者犯错的风险。质量协议应当说明受托方如何将生产偏差告知委托方，以及如何在符合 cGMP 的情况下调查、记录和解决这些偏差。此外，受托方提供的生产服务（包括实验室服务）也必须符合 cGMP。

从 cGMP 的角度来说，合同双方的生产活动及其相应的义务和责任是质量协议中最重要的内容，质量和变更控制是最关键的部分，详细内容如下。

1. 生产活动

质量协议可以用不同形式（图表、矩阵、叙述或者这几种方式的组合）记录各方的责任划分和生产活动。不管采用哪种形式，质量协议都应当清楚记录各方负责的具体生产活动。任何一方均不得通过质量协议或者其他任何方式将其符合 cGMP 的责任委托给他方。质量协议应当覆盖确保符合 cGMP 的全部活动。根据提供的委托生产服务的范围，质量协议应当指明由委托方还是受托方（或者双方）负责处理以下具体的生产活动。

a. 质量部门的活动

质量协议中说明各方质量部门活动的部分应当详细界定各方将如何共同努力以确保产品在符合 cGMP 的情况下生产。注意，无论质量协议指定由委托方还是受托方完成质量控制或者其他生产活动，并不代表免除另一方符合适用 cGMP 要求的责任。

特别地，此部分内容应当清楚说明有关产品放行的问题。受托方的质量部门有责任批准或者拒收经其完成一定生产操作的产品或者实验结果（例如检验结果、成品剂型或者中间产品）；委托方的质量部门负责批准和拒收由受托方生产的产品，包括产品的最终放行。在任何情况下，委托方均不得向州际贸易引进或者运送（或者导致引进或者运送）掺假或者错误标识的药品。

各方质量部门的信息交流十分重要。因此，质量协议应当规定合同双方之间沟通的时间和方式，包括口头和书面沟通，同时注明各方的合适联系人。

此外，质量协议还应当包括对发现问题的监察、检查和沟通。协议应当给予委托方评估和审查受托方（包括常规质量检查和有因检查）的权利，以确保委托的具体生产操作符合 cGMP 要求。考虑到生产的产品或者提供的服务的性质，协议还应当规定受托方有义务向委托方报告 FDA 对其进行的监督检查（批准前检查、日常检查和有因检查）的结果。其中应当包括各方商定的检查缺陷、FDA 采取的行动和沟通条款。

由于受托方经常同时或者连续受多个药品持有人的委托，所以质量协议应当明确受托方将对其的检查和审核中出现的不良状况信息向委托方报告的时间、方式和内容。

b. 设施和设备

质量协议的本部分首先应当明确受托方的生产场所，包括每个场所的地址和所提供的具体服务；其次还应当指出何方负责设施设备及操作系统的检验、鉴定以及维护工作（包括信息技术和自动化控制系统、环境监测和空间分级、公用系统以及任何完成委托生产所需使用的设施和设备），以便在 cGMP 条件下实施委托生产操作。

此外，当受托方同时或者连续为多个委托方生产药品时，协议应当指出受托方将如何告知委托方关于防止药品交叉污染和保持药品可追溯性的信息。

c. 物料管理

在物料管理方面，质量协议应当指明：何方负责制定原料的质量标准，审核、鉴定和监督原料供应商；何方负责在 cGMP 条件下取样和检测；各方将如何确保适当的物料库存管理，包括贴标签、印刷标签、存货调节以及确定产品生产状态（如待验）；受托方应当如何防止混药和交叉污染。FDA 并不要求协议完整描述每种原料的供应链信息。但是，质量协议应明确药品生产过程不同阶段物料的实地控制责任。例如明确何方负责确保储存运输条件不影响物料的质量。分清物料是从受托方送回至委托方，还是交给另一受托方进一步生产操作，以便界定各方的物料管理责任，并酌情监测和确认运输条件是否适合。

d. 受托产品的具体信息

全面的质量协议中关于单个受托产品的具体信息，无论是规定在质量协议正文中还是规定在附录中，都应当至少包含以下内容。

● 产品及相关成分的质量标准。

● 明确的生产操作过程，包括批生产编号流程。

● 有效期／复检期，储存和运输及批处理的责任。

● 工艺验证责任，包括工艺设计、工艺确认及持续确认和监控。

● 允许委托方人员在适当时进入受托方生产场地的相关条款。

此外，质量协议应当明确委托方如何将产品和工艺研发信息以及其他相关信息告知受托方，以确保药品生产符合 cGMP 要求；反之，也应当明确受托方将如何与委托方分享从产品生命周期中获得的相关质量信息。该项规定适用于全部药品，包括需要申报的药品（例如新药申请）和根据 OTC 药品目录上市销售的非处方产品。

药品持有人应当了解可能会影响生产活动的药品申请和批准要求。质量协议应当明确各方报告的义务，以确保生产符合 cGMP 和其他适用的 FDCA 要求。

e. 实验室控制

合同双方均应当具备适当的实验室设施用于检测其药品。质量协议将通过界定双方在实验室控制方面的义务和责任，满足他们对设施设备的需求。建议包括以下要素。

● 取样和样品检测控制程序考虑并评估受托方如何将其实验室检测结果报告给委托方，以及最终产品如何处理的方案和程序。

● 在受托方进行实验室检测前，核实委托方是否已将研发、鉴定和验证方法告知受托方的程序。

● 常规检查程序，目的是确保受托方的实验室设备符合 cGMPs 要求，经校准且维持在可控状态。

● 界定偏差、不一致、失败、超标（OOS）和超常（OOT）实验结果的调查责任，并将调查结果告知委托方。

f. 文件记录

质量协议中有关文件记录的规定如下：委托方有权审查和批准受托方的文件记录，包括对标准操作规程、生产记录、质量标准、实验室控制记录、验证文件、调查记录、年度报告及其他与受托产

品或者服务有关的文件进行的变更记录；界定合同双方按照 cGMP
的要求制定和保存原始文件记录及其副本的义务和责任，包括如何
确保这些记录在检查期间易于获得。

此外，如果任何一方以电子记录形式保存文件的话，质量协议
中应当注明，在适用的法规所要求的记录保存时限内，能立即检索
到这些记录。

2. 与生产活动相关的变更控制

委托方和受托方均可以启动对工艺、设备、检验方法、产品规
格及其他合同要求的变更。双方应当就变更内容进行讨论，并在质
量协议中进行说明。有些变更在实施前需要委托方审核和批准，有
些变更则不需要通知委托方，受托方可以直接实施。双方应当根据
变更类型，在协议中分别规定相应的变更处理程序，包括变更前进
行审核批准的责任分配。另外，双方还应了解需要在补充申请和年
度报告中提交给 FDA 的变更情况。委托方和受托方应当仔细考虑
并商定向对方或者 FDA 报告的变更类型，并且需要获得对方质量
部门或者 FDA 的批准（如有必要）。下面列出了质量协议中需要告
知委托方并经委托方批准的变更（但不限于）。

● 药品成分及其供应商
● 生产设施地址
● 生产工艺
● 使用相同生产线、设施和设备生产的产品或者产品种类
● 检验程序
● 主要生产设备
● 运输方式

- 批次编号方案
- 容器密闭系统
- 防伪标志特征
- 产品分销

生产偏差、投诉、产品召回、不良事件报告、主标签变更、现场预警报告和生物制品偏差报告等突发事件，以及工艺改进项目、工艺能力分析及趋势报告都可能引起工艺和程序的变更。质量协议指出当发生上述突发事件和相关变更时，合同双方应当及时与对方进行沟通和报告。

V 案例分析

下面列举了几个有关委托生产安排中可能对产品质量产生影响的常见问题的案例，这也是 FDA 当前对解决此类问题的方法的初步思考。这些案例并不能涵盖委托药品生产的所有问题，但它们是 FDA 检查人员经常遇到的事例，将此作为范例可为业内或者其他利益相关者提供 FDA 对这类问题的处理和分析方法，以作参考。

A. 委托方和受托方是否都要遵守 cGMP

案例 1 受托方的设施及设备的维护和保养

FDA 对一家受托生产注射剂的生产企业进行检查，发现存在重大违规情况。受托企业生产注射剂的设施及设备缺乏维护，出现设备破损、管道生锈、密封泄漏以及设施的设计构造不能充分防止污染等问题。受托方主张，质量协议中已声明由委托方负责设施及设备的更新和维护工作，由于委托方没有及时履行更新和维修的义务，所以受托方才继续在伴随着污染风险的非 cGMP 条件下生产产品。

案例 2   生产工艺的文件记录不合规

一家受托企业正在为药品持有人生产一种已经 FDA 批准的处方药。在检查中，FDA 发现受托方的批记录没有准确反映其实际生产工艺，因为批记录里没有记录添加回收粉末的情况。虽然批记录是不准确的，没有遵循 cGMP，但受托方声称其批记录符合质量协议中规定的要求。

在上述两个案例中，委托方和受托方都违背了 cGMP。不管质量协议中有没有涉及 cGMP 的特别要求，质量协议都不能豁免合同双方遵守适用 cGMP 要求的法定责任。案例 1 中的受托方认为，质量协议中规定由委托方负责设施设备的更新维护，便继续使用落后且有设计缺陷的设备生产，受托方的行为已经违背了 cGMP 要求。在案例 2 中，尽管批记录符合质量协议的规定，但受托方的批记录不能准确反映药品的生产工艺，同样也违背了 cGMP 要求。

同时，即使质量协议将某个生产环节委托给受托方，上市许可持有人仍负有确保其产品生产符合 cGMP 的责任。在发现受托方的问题后（例如上述案例中的问题），FDA 还可能会对委托方进行检查。委托方也可能由于未履行监管受托方的生产活动职责而被认为违背 cGMP。

B. cGMP 适用于所有受托方，包括分析检测实验室

案例 3   实验室记录和检测结果中出现不可靠数据

本案例中，药品持有人与受托方签订了提供分析检测服务的委

托合同。受托实验室的实际分析结果显示为不合格，但其在 cGMP 记录中却反复报告实验结果合格，没有向药品所有者报告准确的结果。当 FDA 检查委托方时，FDA 发现尽管有书面程序要求对受托实验室每 2 年进行一次现场审查，但委托方从来履行该项职责。

案例 4　受托实验室对分析检测方法的验证

药品持有人与受托方签订合同，委托受托方对其新获批的药品进行稳定性测试及其他分析。FDA 的批准文件和质量协议都要求受托方使用药品持有人在新药申请（NDA）资料中所述的方法进行检测。受托实验室使用 NDA 中的分析方法后得到了几个 OOS 结果。另外，受托实验室在留样分析时偶然发现药品浓度出现不正常的波动，并对该结果进行调查，结果发现检测失败与样品制备工艺有关，但受托实验室没有对此问题进行深究，仍继续使用不合规的方法检测产品。FDA 检查发现该实验室没有充分调查该问题并实施纠正措施。但受托实验室声称其使用的是药品持有人在产品申报资料中指定的分析方法，因此不负责对该方法的调查及实施纠正措施。

在上述 2 个案例中，FDA 认定委托方和受托方均违背了 cGMP，应当承担相应的责任。对受托方而言，不论其是否与药品持有人签订质量协议，受托实验室都应当按照 cGMP 要求进行操作，采取适当的控制措施以确保其实验数据和检测结果的可靠性，并根据 cGMP 要求进行纠正。对委托方而言，药品持有人有义务审核受托方报告的信息，决定批准还是拒收产品，包括负责产品的最终放行及分销。

无论哪一方负责产品检测，药品持有人的质量部门都是确保产品按照 cGMP 生产的最终责任人，质量协议也不能免除这一责任。

案例 3 和 4 中的药品持有人，都是未履行对受托方的评估、鉴定、审核和监督责任的反面事例。

C. 委托方和受托方实施的变更控制活动

案例 5　批准或者拒绝影响产品质量和 cGMP 符合性的变更

某受托方通知委托方生产时发现明显的粉末隔离问题。该受托方已经尝试通过生产设备变更来纠正这一问题，但后来发现这个问题如果不通过工艺再设计和药品成分变更的话是无法解决的。但双方签订的质量协议规定，受托方在没有委托方批准的前提下不能实施此类变更，而委托方拒绝批准其所建议的变更。因此，受托方继续使用有缺陷的工艺生产产品，因而导致不符合 cGMP。

案例 5 提出了当涉及变更控制时，委托方和受托方的责任该如何划分的问题。因为即使有些变更对于确保药品在符合 cGMP 情况下继续生产是必要的，委托方可能仍不愿意批准受托方所建议的变更。

VI　建议

委托方和受托方可以通过定义、建立和记录其在药品生产操作，包括加工、包装、贮存、贴标操作、检验和质量控制操作中的活动，利用质量管理原则来实施药品委托生产的复杂过程。因此，FDA 建议合同双方制定书面的质量协议，将其作为描述生产活动确保符合 cGMP 的工具。

英文缩写含义

A

ANDA	简略新药申请
AR	年度报告

B

BIMO	美国生物研究监察项目计划
BLA	生物制品上市申请

C

CAPA	预防纠正措施
CBE–30	30 天默示许可程序的补充申请
CBER	美国 FDA 的生物制品审评与研究中心
CDER	美国 FDA 的药品审评与研究中心
CFR	《美国联邦法规汇编》
CMC	化学、生产和控制部分
CMO	合同生产组织
CP	（变更管理）可比性研究方案
CRO	合同研发组织

D

DMF   药品主文件

E

EEA   欧洲经济区

EMA   欧盟药品监管局

F

FDA   美国食品药品管理局

FDCA   《联邦食品药品化妆品法》

G

GCP   《药物临床试验质量管理规范》

GDocP   《数据记录质量管理规范》

GLP   《药物非临床研究质量管理规范》

GMP   《药品生产质量管理规范》

GQP   《药品质量管理规范》

GVP   《药物警戒质量管理规范》

GxP   各种良好的质量管理规范

I

ICH   人用药品国际注册技术协调委员会

IND   临床试验申请

INN   国际非专利药品名

IRB 　　　伦理委员会

M

MAA 　　　上市许可申请人
MAH 　　　上市许可持有人
MHLW 　　日本厚生劳动省

N

NDA 　　　新药上市申请

P

PACMP 　　上市后变更管理方案
PAS 　　　需要审批的补充申请
PI 　　　　研究者
PQS 　　　药品质量管理体系

Q

QbD 　　　质量源于设计
QP 　　　　质量受权人
QPPV 　　　药物警戒负责人

S

SOP 　　　标准操作规程

致　谢

上市许可持有人制度研究书稿终于完成了，这是我第一次以独著的形式完成一本自己认为十分振奋的书稿。

首先，要真诚感谢国家药品监督管理局徐景和副局长，他一直希望沈阳药科大学国际食品药品政策与法律研究中心把以往的重要研究成果系统整理成药品监管创新研究丛书出版。徐景和副局长对上市许可持有人制度的要义、体系、重点、难点等不断追问，使我对此有更深入的研究和更精细的思考。

我要感谢挚友和师姐——辽宁省药品认证中心魏晶主任，她是长期从事药品检验、检查、监测技术监管工作的专家、药品国际检查员，她在百忙之中审阅了我的书稿，提出非常专业的、宝贵的意见。

我要感谢清华大学法学院的王晨光教授，我阅读大量王教授的文章，并在学术研讨和论坛中聆听王教授对上市许可持有人制度的学术观点，使我深深获益。

我要感谢中国药品监督管理研究会副会长、中国食品药品检定研究院原院长李云龙，当他看到我的书稿时，寄予厚望。他说："上市许可持有人制度很重要、值得研究，你的研究非常有现实和长远意义"。

我要感谢国家药品监督管理局政策法规司、药品注册管理司、药品监督管理司对相关课题研究的指导与支持。

感谢 RDPAC 和中国中生集团，这本书中的很多素材来自于对 RDPAC 会员企业和中生集团下属子公司的实地调研和专家座谈。

最后，我还要感谢我的博士研究生李晓宇同学，硕士研究生尤晓敏同学、杨璐瑶同学和顾金梦同学，是她们协助我搜集国外的文献资料，并进行翻译整理等初步工作。

感谢所有支持我，鼓励我，关心我、帮助我的亲朋好友！

杨悦

2018 年 9 月

沈阳药科大学国际食品药品
政策与法律研究中心简介

　　2016年7月沈阳药科大学国际食品药品政策与法律研究中心经校长办公会批准成立，杨悦教授担任中心主任。中心秉承"前瞻性、前沿性和国际化"理念，杨悦担任中心主任以来，率领中心教师和研究生团队，在政策研究领域开拓耕耘，取得丰富的研究成果。共承接政府部门、企业课题13项。

　　上海东富龙科技股份有限公司上海东富龙科技股份有限公司（Shanghai Tofflon Sci &Tech Co.,Ltd. 股票代码SZ:300171，是一家以医用冻干机及冻干系统的研发、设计、生产、销售和服务为一体的高新技术企业）在中心设立"东富龙—沈药"政策研究基金，用于国际药物、医疗器械等前沿政策法规、指南研究。

　　中心主办5次大型学术会议，协办2次大型学术研讨会，"药品管理法修订重点制度设计高端论坛暨中心成立大会""药物创新激励法律制度研讨会""药品上市许可持有人制度高级研讨会""药品专利链接与专利期补偿制度研讨会"，国家食品药品监督管理局总局、卫计委、工信部、国家知识产权局等政府部门领导、外企、国内企业等共计600余人参会。中心共举办24次课题会议和专家会议。

杨悦教授于 2015 年创建微信公众号"国际药政通"至今共发文 615 篇，关注人数 11435 人，总阅读量 557,849，运营质量超过 90.83% 的同类公众号。